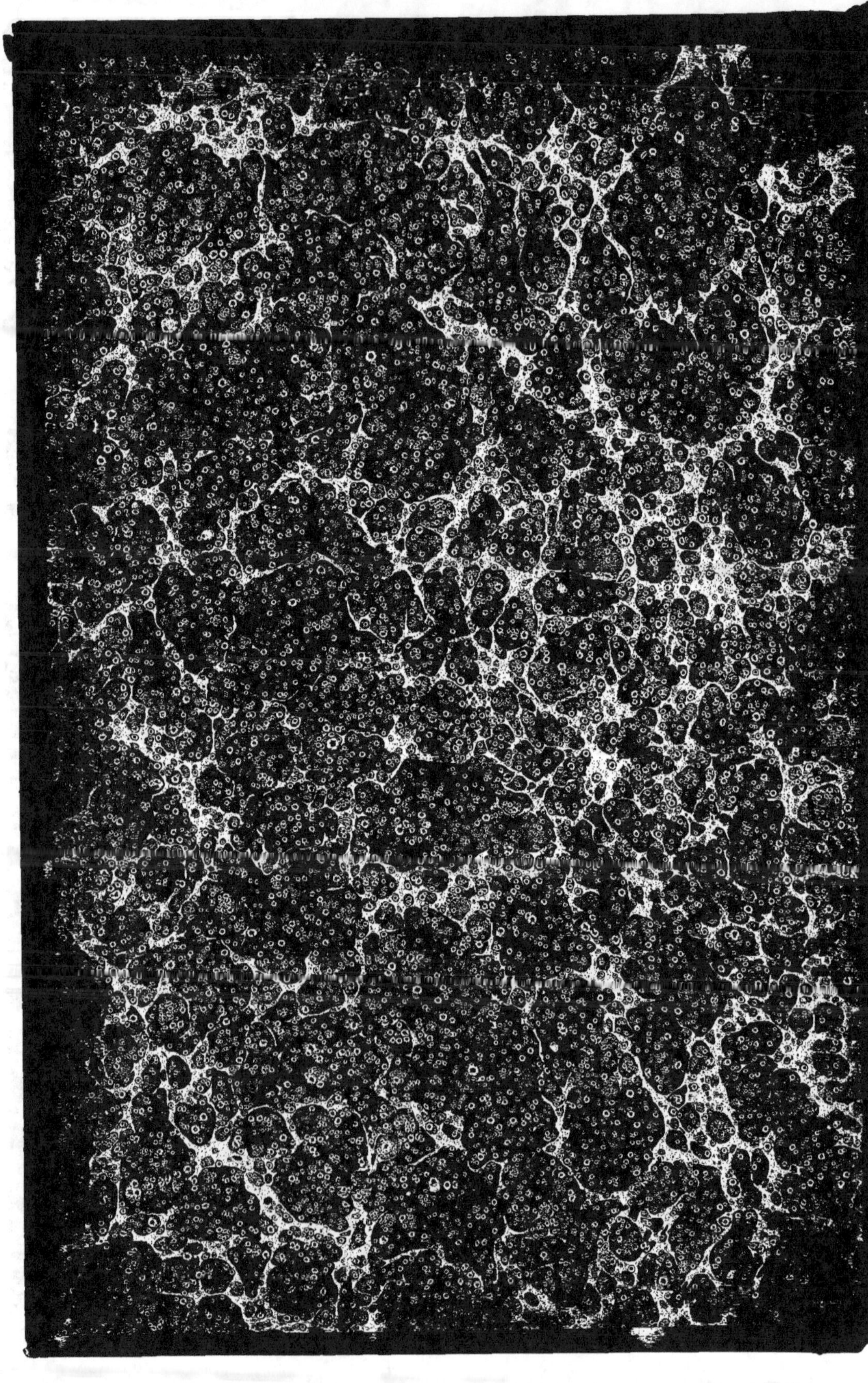

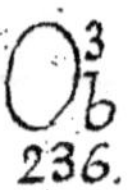
236.

CANALISATION

DES ISTHMES

DE SUEZ ET DE PANAMA,

PAR LES FRÈRES DE LA COMPAGNIE MARITIME

DE SAINT-PIE.

CANALISATION

DES ISTHMES

DE SUEZ ET DE PANAMA

PAR LES FRÈRES DE LA COMPAGNIE MARITIME

DE SAINT-PIE,

ORDRE RELIGIEUX, MILITAIRE ET INDUSTRIEL.

Allez, soldats du Christ, et pleins de confiance, | Mais portez-y la croix, seul phare d'espérance,
Vers de nouveaux chemins guidez l'humanité : | Seul gage du progrès et de la liberté !

PARIS, 1848.

A SA SAINTETÉ

LE PAPE PIE IX,

HEUREUSEMENT RÉGNANT.

TRÈS-ILLUSTRE ET TRÈS-RÉVÉRÉ PONTIFE,

Un travail, dont la conception date de l'époque même
de la découverte du Nouveau Monde ; et regardé dès lors
comme le plus immense bienfait dont l'humanité pût être

dotée ; un travail jugé impraticable tant que la science ne
s'était pas élevée à la hauteur de sa difficulté gigantesque,
mais universellement reconnu de nos jours, après les
études faites par les ingénieurs, comme possible et sur-
le-champ réalisable ; un travail dont l'exécution mettrait
ses auteurs au rang des hommes qui auraient le mieux
mérité de la civilisation : le percement de l'isthme qui sépare l'océan Atlantique du grand océan Pacifique, com-
plété par la canalisation de l'isthme de Suez, ne pourrait
franchir l'intervalle qui sépare toute conception théorique
de sa réalisation pratique, s'il n'était remis entre les mains
d'une compagnie digne, par son organisation, d'en tirer
parti, au profit de la religion, de la civilisation générale et
de la paix du monde.

Je viens mettre sous les yeux de Votre Sainteté le plan
qui seul peut rendre profitable cette noble et magnifique
entreprise, que je propose de faire exécuter par une compagnie à la fois religieuse, militaire et industrielle, sous
les auspices du Souverain Pontife pour lequel l'humanité
pressent de si hautes destinées.

Le génie civilisateur, qui d'un seul coup a rendu à
l'Eglise l'influence morale qui lui appartient, et qu'elle
est accoutumée à exercer, à toutes les grandes époques,
sur les événements et sur les hommes, désignait tout na--

turellement le pape Pie IX, à l'un de ses plus humbles mais aussi de ses plus fervents admirateurs, comme un nouveau Moïse, prédestiné à ouvrir à l'humanité les voies encore inconnues qui le conduisent vers l'avenir.

M. D. M.

De l'ordre militaire de Saint-Etienne.

CANALISATION

DES ISTHMES

DE SUEZ ET DE PANAMA

PAR LES FRÈRES DE LA COMPAGNIE MARITIME

DE SAINT-PIE.

EXPOSITION.

Les découvertes ou les œuvres dues au génie de l'homme, parvenu au plus haut degré de puissance intellectuelle, ont des droits d'autant plus assurés à l'admiration, qu'elles sont conçues dans une plus haute pensée d'utilité générale et d'intérêt universel.

Tels seraient les travaux, qui, par le percement de deux

isthmes devenus, depuis dix ans surtout, l'objet des préoccupations des principaux gouvernements des deux mondes, auraient pour résultat de doubler la rapidité avec laquelle communiquent aujourd'hui les diverses nations disséminées sur la surface du globe, et de multiplier d'une manière inespérée les richesses matérielles du monde.

Ces mêmes travaux, exécutés dans l'intérêt d'une ou de plusieurs puissances, associées pour en profiter seules ou n'y laisser participer les autres que selon leur bon plaisir, pourraient encore frapper l'imagination par leur importance et leur grandeur ; — mais, lors même qu'ils ne subiraient aucune entrave, et ne donneraient lieu à aucune opposition sérieuse de la part des autres nations déshéritées de leur bienfait, mériteraient-ils les sympathiques adhésions et l'appui énergique de tous les esprits généreux ? — satisferaient-ils ceux qui ne considèrent les progrès de l'industrie, les développements du commerce, la création de nouvelles voies de communication, que comme autant de moyens de rapprocher les unes des autres les diverses branches de la famille humaine ? — Enfin obtiendraient-ils l'adhésion des hommes qui, animés de l'enthousiasme chrétien, voudraient voir se répartir plus également entre les peuples les bienfaits de la civilisation, et fleurir en même temps, au sein de la paix, les vertus morales dont notre divine religion est la source ?

N'attendons rien de pareil de compagnies fondées dans le but exclusif d'offrir à d'heureux capitalistes la perspective d'un droit de péage, rapportant à leurs fonds un intérêt qui, nous le reconnaissons, serait, dans tous les cas, fort considérable.

Les merveilles de la science, renversant une barrière de montagnes, pour rapprocher deux mers séparées par la nature, ou réalisant un projet rêvé par l'antique Égypte, et destiné à faire revivre l'Égypte moderne, ne s'élèveraient pas au-dessus de la conception d'un placement avantageux et d'une spéculation lucrative!

La politique des gouvernements les plus généreux, quelque noble et désintéressée qu'elle fût, pourrait-elle faire entière abstraction des intérêts privés, et céder aux légitimes exigences du patriotisme et de l'attachement au pavillon national, aux considérations plus larges, fondées sur les besoins généraux de l'humanité? — Sur ce point, comme sur tant d'autres, deux ou trois grandes puissances, profitant des immenses avantages produits par les travaux exécutés sous leur patronage, ne consacreraient-elles pas ainsi indéfiniment leur supériorité relative?

Il n'est qu'une autorité qui puisse, en présidant à l'exécution de travaux destinés à modifier d'une manière si heureuse les relations existantes aujourd'hui entre les peuples des deux hémisphères, détruire tous les obstacles suscités par les rivalités des peuples, et faire disparaître le discrédit qui frapperait une entreprise réduite aux proportions d'une simple spéculation industrielle.

Il n'est qu'une seule influence qui puisse donner à une société, fondée dans le but marqué plus haut, ce caractère auguste qui la recommande aussitôt au respect des peuples, l'investir d'une force morale suffisante, et lui communiquer cet esprit vivifiant qui assure aux grandes entreprises la réussite et la durée.

Il n'est qu'une seule puissance au monde, dont l'auguste patronage, réunissant sous un même drapeau des hommes choisis parmi les peuples de toutes les nations, puisse composer, avec les éléments empruntés à toutes les sociétés, une société unique, dépositaire des intérêts de toutes les autres, agissant comme un seul homme au profit de tous les hommes ; — se développant et grandissant sans donner d'ombrage et sans exciter la défiance ; — impartiale et neutre entre toutes les puissances, même dans le cas où les maux d'une guerre générale viendraient encore peser sur la terre ; — remplissant une mission spéciale par le percement des deux voies de communication qu'elle se chargerait de garder après les avoir construites, et travaillant, par surcroît, à une autre mission plus haute et plus sainte dont elle serait le bras, tandis que la tête serait ailleurs.

Cette autorité, cette influence, cette puissance, existe, c'est celle du chef de l'Eglise ; — consacrée par une durée de dix-huit siècles, toujours accoutumée à marcher à la tête des peuples, à les contenir par la permanence de ses doctrines dans les temps d'effervescence et de désordres ; — à les réveiller par les élans d'un saint enthousiasme dans les temps de tiédeur et d'indifférence ; — à régler leurs mouvements et à diriger leurs efforts dans ces époques marquées par la Providence pour le renouvellement des idées, le développement des institutions et les grandes révolutions sociales.

Et comme cette puissance vénérable a toujours eu, à toutes les époques, des représentants marqués par le doigt de Dieu d'un signe spécial qui devait les rendre propres aux diverses missions qu'elle a eu à remplir, comment nous étonner qu'elle ait aujourd'hui un chef sur lequel rayonnent d'une manière si éclatante tous les signes qui attirent sur lui l'attention du monde, comme sur le symbole de l'esprit qui anime le dix-neuvième siècle, et qui doit présider à ses destinées futures ?

Persuadés de la nécessité de ne confier l'exécution de

l'œuvre la plus délicate et la plus importante qu'il soit donné à notre siècle d'accomplir, qu'à une compagnie, qui en puisse universaliser les précieux résultats et en tirer le plus grand parti possible au profit de l'humanité tout entière, nous nous adressons avec confiance au représentant vénéré de cette puissance, qui seule a jusqu'ici marqué du cachet de la durée les institutions humaines.

Nous avons voulu invoquer le patronage de l'auguste possesseur des clefs mystérieuses de Saint Pierre, de ce signe manifeste de la mission réservée à l'autorité tutélaire, qui, sur la terre comme au sein de la patrie céleste, n'ouvre et ne ferme la voie que selon les décrets et les volontés du Très-Haut.

Déjà depuis longtemps frappés des immenses résultats que devaient produire ces travaux destinés à relier entre elles les cinq parties du monde, nous avions suivi, avec un intérêt toujours croissant, les études faites par les savants chargés par leurs gouvernements respectifs d'en constater la possibilité et d'en préparer l'exécution. — Mais nous avions été conduit par nos méditations sur ce grave sujet à nous convaincre des difficultés sérieuses qui devaient les retarder indéfiniment peut-être, ou, ce qui nous affligeait le plus, de la stérilité des conséquences qu'ils produiraient s'ils tombaient sous la désastreuse influence de la spéculation individuelle et de l'intérêt privé.

Toutes nos craintes se sont dissipées, tout notre enthousiasme s'est illuminé d'une clarté soudaine, quand nous avons vu surgir à l'horizon cette lumière qui, partie de la chaire de Saint Pierre, n'a pas tardé à se répandre sur toute l'étendue du monde chrétien. — Telle est l'influence d'un grand homme ! — A son apparition, les idées naissent ou se développent ; les vagues lueurs de l'imagination prennent un corps, les conceptions obscures de l'esprit, les pressentiments du cœur, revêtent les proportions du possible, et les forces morales ou physiques de l'humanité, impuissantes lorsqu'elles étaient isolées, deviennent tout à coup invincibles dès qu'elles viennent se concentrer à sa personne.

C'est ainsi que nous avons été conduit à supplier humblement le successeur des saints apôtres, à qui notre divin maître a légué le soin d'accomplir dans la suite des siècles son œuvre d'émancipation, de moralisation et de progrès continu, de sanctifier par son suffrage, une société, une compagnie, nous oserons dire un *Ordre* nouveau, qui, héritier des traditions de dévouement et de charité transmises par les institutions religieuses et militaires du moyen âge, vivifiera et sanctifiera par la foi dont celles-ci furent animées, ces œuvres d'art et de science, dont les temps modernes célèbrent les merveilles, mais dont ils commencent à s'effrayer, parce qu'ils n'ont pas encore découvert le moyen de les faire servir au bonheur des nations.

C'est en vain, en effet, que les économistes, les hommes d'Etat, les philosophes, cherchent des remèdes contre ce résultat terrible des progrès incessants de la civilisation, qui, multipliant depuis deux siècles les forces productives, semble avoir multiplié les sources de l'immoralité et de la misère. — Le génie prodigue les inventions utiles, rapproche par des voies de communication, rapides comme la pensée, les points les plus distants, élève des monuments solides et commodes, crée enfin partout de nouvelles conditions de bien-être, — et puis il s'arrête, désespéré, lorsqu'il s'est aperçu que ce qu'il imaginait pour le bonheur de tous n'a servi qu'à accroître le bien-être de quelques-uns seulement !

Le christianisme seul peut donner à cet effrayant pro-blème une solution satisfaisante : — ce que des compagnies purement industrielles n'auraient pu faire, ou n'auraient exécuté que d'une manière incomplète, ne peut être accom-pli que par une société formée sous les auspices de cette autorité dont l'esprit veille à la fois sur la ville des Césars et sur le monde : *Urbi et Orbi.*

Le percement de l'isthme de Panama affranchissant l'Europe de l'obligation d'aller doubler le cap Horn pour arriver aux côtes occidentales de l'Amérique et aux îles de l'océan Pacifique, et celui de l'isthme de Suez mettant le bassin de la mer Méditerranée en communication directe par la mer Rouge avec l'Afrique orientale et le continent asiatique, ne doivent pas avoir simplement pour résultat d'accroître la richesse des nations commerciales, en dimi-nuant les frais de navigation et en rendant plus prompts et plus faciles les voyages maritimes.

Quelque belle que fût la tâche remplie par les compagnies qui réaliseraient, même avec de grands bénéfices, les tra-vaux de canalisation, dont, grâce aux études faites sur les lieux, chacun peut aujourd'hui connaître dans tous les dé-tails les divers moyens d'exécution, elles n'exciteraient pas à un aussi haut degré la curiosité publique, elles n'é-veilleraient pas chez tous les penseurs d'aussi vives sym-pathies.

Ce n'est pas, certes, que nous ne tenions compte de ces avantages matériels, dont nos études nous permettraient peut-être mieux qu'aux spéculateurs eux-mêmes de suppu-ter le chiffre et d'évaluer les accroissements progressifs. Les diverses compagnies formées, soit en Angleterre, soit en France, soit sur les lieux mêmes, pour aviser aux moyens d'opérer ces travaux, dont les difficultés n'ont rien que ne puisse surmonter l'application des forces dont la science moderne est armée, ont pu apprécier les ressources immenses qu'offrirait tout naturellement cette entreprise au point de vue de ses résultats industriels.

Mais il ne s'agit pas seulement pour nous de l'intérêt d'une compagnie ; — nous ne sommes même pas préoccupé exclusivement des bienfaits qui devront résulter pour l'Europe de la double canalisation qui, tôt ou tard, doit lui ouvrir un nouveau passage vers les contrées où elle va porter les produits de son génie. — Ce qui nous frappe, ce qui nous séduit dans l'œuvre à laquelle nous voudrions voir concourir les hommes généreux de toutes les contrées du monde civilisé, c'est son caractère d'utilité universelle, c'est la satisfaction qu'elle doit donner, selon nous, aux besoins les plus impérieux, aux désirs les plus ardents de notre époque.

Supposons une telle société établie dans l'admirable contrée qui s'étend des bords du Guasacoalco jusqu'au golfe Darien, c'est-à-dire le long de cet étroit espace qui sépare l'Amérique du nord de l'Amérique méridionale.—Supposons qu'elle soit pareillement commise à la garde de cette partie de l'Afrique où ses travaux auront supprimé l'obstacle qui s'interpose entre la Méditerranée et le golfe d'Arabie. — Supposons qu'investie de la confiance des différents gouvernements qui auront solennellement reconnu la neutralité de son pavillon, elle soit arrivée au degré d'influence qu'elle doit avoir, et qu'elle aura, d'après le plan même d'association soumis par nous à la sanction d'une auguste volonté.

Alors s'ouvre devant sa puissante intervention une belle et vaste carrière ! — Alors tout ce qui peut satisfaire la plus noble et la plus légitime ambition peut être réalisé par les chefs chargés de la diriger !

Missionnaires de la civilisation européenne, les membres de la compagnie de Saint-Pie deviennent, à divers titres, les bienfaiteurs du genre humain : — avec eux et par eux se réalise tout ce qu'offrent d'utile et de praticable les projets d'amélioration les plus désirables pour nos sociétés affaissées sous le poids même de leur civilisation.

Et d'abord, voilà une immense ressource trouvée pour les populations souffrantes de l'ancien monde. — Sur toute la surface de notre continent s'agite une foule inquiète et mobile. L'Europe, justement fière de son expérience, de ses inventions, de ses manufactures, de ses arts, de ses sciences, gémit de se voir dans l'impossibilité de faire servir toutes ces forces au bonheur de ses habitants, dont le nombre s'accroît sans cesse, grâce à cette paix dont un destin jaloux semble tourner contre elle-même les bienfaits inappréciables.

En vain songe-t-elle à déverser sur des contrées lointaines le trop-plein de cette population qui l'embarrasse. Pour mener à bonne fin ces colonisations forcées, il lui faudrait un ensemble de vues, un système de protectorat, un pouvoir dirigeant, sans lesquels cette œuvre si importante est livrée à toutes les éventualités de la fortune.

Lorsque les malheureux que l'Alsace, la Flandre, la Saxe, la Bohême, la Hollande, la Prusse, envoient chercher au-delà des mers une nouvelle patrie, croient arriver sur un sol hospitalier, y trouvent-ils une administration tutélaire qui leur donne, en échange du travail de leurs bras ou des richesses de leur intelligence, un terrain à cultiver, une industrie à créer, une force productive quelconque à mettre en mouvement? — N'a-t-on pas vu plus d'une fois les tristes émigrés trompés dans leurs espérances, renvoyés d'un port à l'autre, exclus de cette terre promise qu'on leur avait montrée de loin comme on montrait autrefois l'asile sacré où devaient se reposer les enfants de Jacob?

Eh bien, cette puissance intermédiaire entre l'Européen colonisateur et les habitants des contrées répandues ou sur les rives ou dans le bassin des grandes mers qu'ouvrirait le percement des deux isthmes, trouvent désormais dans notre compagnie, à la fois *religieuse*, *militaire* et *industrielle*, des frères pour les accueillir au nom de la charité chrétienne, des soldats armés pour les protéger, des travailleurs intelligents pour faire emploi de leur talent quel qu'il soit.

Qu'on cesse alors de s'inquiéter de la fiévreuse turbulence de tant d'esprits impatients, dont aucune institution ne peut aujourd'hui utiliser les talents et l'instruction, ou comprimer l'énergie; — qu'on cesse de faire des vœux impies pour que le plus épouvantable des fléaux dont la Providence ait jamais affligé les hommes, la guerre, vienne au secours de nos hommes d'Etat effrayés de leur propre impuissance!

Des deux côtés de l'isthme, occupé par une compagnie, revêtue de l'autorité morale que lui donne son état de puissance indépendante et neutre, et recrutée indifférem-ment parmi toutes les nations, s'étendent de vastes contrées, presque vides et qui pourraient contenir deux ou trois fois la population de l'Europe; — à la partie centrale de l'océan Pacifique s'éparpillent une foule d'îles qui appellent des habitants, c'est-à-dire la vie.

Il existera désormais une société maritime dont les navires pourront être mis au service des émigrants, qui voudront se fixer, soit au pays même qui servira de siége et de centre à ses opérations, soit dans les autres contrées vers lesquelles les poussera la fortune.

Dans les établissements provoqués ou encouragés par la compagnie, le colon agriculteur, fabricant, commerçant, artiste, ouvrier, travailleur, capitaliste, ne verra plus son existence livrée aux chances du hasard ou compromise par l'absence d'un pouvoir modérateur et protecteur.

Les contrées sur lesquelles de nouvelles populations seront appelées, sont en général les plus fertiles et les plus favorisées du ciel. — Les régions d'où notre luxe et nos besoins, réels ou factices, tirent les plus riches matières tinctoriales, les bois de construction les plus utiles, les meubles les plus somptueux, les minéraux les plus employés, les fruits les plus savoureux, les végétaux les plus puissants, les épiceries les plus goûtées, les étoffes les plus éclatantes, sont précisément celles qui auraient le plus besoin de voir substituer à des habitants grossiers, ignorants, farouches et souvent sanguinaires, une population laborieuse et éclairée, qui pût y transporter les leviers à l'aide desquels l'industrie européenne fait tourner au profit du bien-être universel toutes les forces de la nature.

Si, laissant de côté la question industrielle pour toucher celle des subsistances, nous voulons apprécier le degré d'utilité que peut offrir une puissance maritime, créée sous l'empire de nos principes civilisateurs, nous montrerons les navires de la compagnie jetant dans la circulation les céréales que ses soins auront fait produire à un sol riche et fécond par ses colons agriculteurs, et les transportant dans ceux que l'inclémence du ciel aura frappés d'une stérilité momentanée.

Ainsi serait prévenu le retour de ces perturbations désastreuses que produit en certains pays le manque ou l'insuffisance des récoltes, toutes les fois qu'une active prudence n'y a pas d'avance apporté le remède. — Ainsi se multiplieront ces greniers d'abondance où viendra largement puiser l'Europe réduite aujourd'hui à recourir dans les moments de disette, au superflu, insuffisant d'ailleurs dans certains cas, des produits recueillis sur les bords de la mer Noire ou de la mer Baltique.

Ainsi se régularisera, en se simplifiant, ce mouvement qui porte vers les zones encore inexplorées les populations de l'ancien continent, forcées de quitter un sol où les rangs sont chaque jour de plus en plus pressés.

On commence à pressentir pourquoi une pareille œuvre ne pourrait être accomplie par une compagnie maritime purement industrielle ou commerciale, formée dans les conditions ordinaires et sous l'inspiration de l'intérêt individuel.

Il ne faut pas seulement que les habitants privilégiés de nos contrées, que les heureux héritiers des bienfaits de la civilisation, profitent des avantages produits par la double ouverture que l'industrie va créer pour le développement de ses richesses commerciales, et l'emploi régulier des éléments de turbulence qui les surchargent. — Les effets incalculables qui vont en résulter pour l'amélioration physique et morale des peuples du nouveau monde ainsi visités par l'Europe, nous font envisager avec un bien plus vif intérêt l'œuvre philanthropique que nous voudrions voir sanctifiée par l'assentiment de l'auguste chef sur la tête duquel reposent en ce moment les destinées de la chrétienté, et peut-être du monde entier.

Aller porter jusqu'aux extrémités de la terre les produits

merveilleux de l'industrie européenne, augmenter ainsi le bien-être des habitants civilisés ou sauvages de ces pays lointains, y conduire une population plus avancée et plus active serait, sans aucun doute, une œuvre utile et méritoire. — Mais le sentiment de son insuffisance, et même quelquefois de ses funestes résultats, a depuis longtemps appelé les méditations et éveillé le zèle des hommes religieux. — Ils pensent, avec raison, que notre civilisation au loin transportée ne produirait que des fruits amers et empoisonnés, si le même esprit qui, depuis quatre siècles, a animé la foi des saints missionnaires du Christ, n'apportait pas en même temps son contre-poids salutaire.

La compagnie de Saint-Pie, en facilitant, au nom de la religion chrétienne, aux nations européennes, des établissements dans les lieux où elles iront exercer leur dévorante activité, pourra seule leur donner ce caractère religieux et moral qui rend les colonisations profitables, non-seulement au peuple civilisateur, mais encore à celui qu'il civilise. — Ainsi viendra-t-elle tout naturellement en aide aux vénérables missionnaires de toutes les églises du Christ pour les protéger dans leurs saintes entreprises.

Ainsi, comme aux temps des Urbain II, des Grégoire VII, la papauté, placée à l'avant-garde de la civilisation, aura provoqué et dirigé la plus grande entreprise collective qu'auront tentée depuis les croisades les peuples de l'Occident. — Conduits aujourd'hui par elle aux conquêtes civilisatrices, aux croisades pacifiques que comporte notre âge, ils pourront, en peu d'années, étendre rapidement l'influence des arts et des sciences, et répandre avec efficacité la connaissance du code évangélique. — C'est ce que n'ont pu faire les efforts isolés et rivaux des nations, dont le génie entreprenant n'a considéré les magnifiques plateaux de l'Asie, les îles fortunées des deux océans ou les bords fertiles du Mississipi, de l'Amazone ou de la Plata, que comme des débouchés pour leur commerce, ou des mines fécondes dont les produits devaient retomber en pluies d'or sur leurs égoïstes conquérants.

La compagnie préposée à la garde des deux portes ouvertes par ses soins à toutes les tentatives, à tous les essais aventureux que provoque le développement de la libre concurrence, deviendra successivement propriétaire de vastes étendues de territoire dont elle confiera la culture à des colonies agricoles, qu'elle aidera de ses moyens d'action, et qu'au besoin elle saura protéger et défendre.

Elle sera pourvue de vaisseaux de transport qu'elle n'emploiera pas à des spéculations commerciales entreprises pour son propre compte, mais qu'elle tiendra à la disposition des commerçants appartenant aux diverses nations dont le concours aura garanti la neutralité et son indépendance.

Elle aura des ports qui ne seront point des centres vers lesquels afflueront ses propres armateurs pour y rapporter de riches dépouilles, mais où, sous tous les pavillons, les navigateurs trouveront dans le besoin un lieu de ravitaillement, un asile hospitalier, et tous les avantages que présente l'admission dans les ports francs, aux étrangers aussi bien qu'aux nationaux, aux commerçants aussi bien qu'aux consommateurs.

Elle cherchera, elle découvrira de nouvelles mines, et elle en versera dans la circulation générale les produits de toute nature, imprimant ainsi aux travaux de l'industrie, ou aux développements de la richesse monétaire, un mouvement d'action qui profitera à tous.

Elle fondera enfin des établissements où l'étude des lettres et des sciences, fortifiée par la concentration des efforts individuels, fera revivre ces immenses travaux qui sortaient autrefois des pieuses retraites ouvertes à de studieuses congrégations. Plus heureuse que les gouvernements de l'Europe qui, forcés de répandre à grands flots les lumières et le savoir sur les générations nouvelles, ne peuvent ni utiliser les sujets formés dans leurs écoles, ni calmer l'effervescence produite par une instruction imprudemment libérale dont elle ne peut trouver l'emploi, la compagnie, à la fois spéculative et pratique, saura placer, dans les cadres divers qu'elle aura créés d'avance, ces capacités que le socialisme moderne ne satisfait qu'en bouleversant le monde, ou en rêvant la transformation impossible du cœur humain.

Ainsi, fécondité admirable d'une pensée grande, parce qu'elle est chrétienne ! — Ainsi, par l'organisation d'une société dans laquelle vivra ce qu'il y a de légitime dans toutes les tendances libérales du temps présent, parce qu'elle les mettra sous la sauvegarde d'un principe éternel de stabilité et de durée, l'œuvre imposante, dont toute la difficulté réside aujourd'hui dans l'impossibilité qu'il y a d'arriver à ce qu'une nation soit armée au préjudice de toutes les autres de la puissance d'action qu'elle doit fournir ; cette œuvre dont l'exécution, depuis l'espagnol Balboa jusqu'à MM. de Humbolt et de Chateaubriand, a séduit toutes les imaginations et fait bondir tous les nobles cœurs d'une sainte espérance, cette œuvre s'accomplira ! — et tous les peuples participeront à ses bienfaits, parce qu'elle résultera de la combinaison et de l'accord des deux puissances qui se disputent aujourd'hui le sceptre du monde : la liberté qui veut tout tenter, et l'autorité qui seule peut tout régir.

Aux heureux résultats produits par l'existence de notre compagnie, ajoutons que si, malgré les persévérants efforts des hommes honnêtes qui poursuivent depuis un siècle l'abolition de l'esclavage, et voudraient mettre un terme à un trafic inhumain et impie, on va chercher sur les côtes de l'Afrique de malheureuses créatures, vouées d'avance aux travaux et à la misère, cet horrible abus de la force n'a pas été détruit, à qui peut-on s'en prendre ? — La persistance de ce cruel fléau ne résulte-t-elle pas de l'impossibilité de satisfaire à la fois les lois de l'humanité et les intérêts matériels qui ont pris naissance dans une longue possession ? — N'espérons rien de définitif et de complet des tentatives, souvent contradictoires et rivales, des gouvernements mêmes qui ont pris en main la défense des droits sacrés de l'humanité. — Mais que ne devons-nous pas attendre d'une société animée des sentiments qui jadis soutinrent le saint zèle des illustres confrères de la Merci, et pourvus des moyens d'action qui manquèrent toujours aux efforts charitables mais isolés de ces vénérables défenseurs de la plus noble des causes.

Il ne suffit pas, en effet, d'arrêter, par une active surveillance et des visites sévères, les coupables efforts de la plus hideuse des spéculations, il faudrait pouvoir aller l'attaquer à ses sources mêmes ; — car les malheureux qui sont l'objet de la traite, avant d'être livrés comme des marchandises vivantes aux acheteurs européens, pour être vendus dans les colonies à d'impitoyables maîtres, ont subi d'abord un premier esclavage. — Pris à la guerre ou saisis par la ruse, ils appartiennent déjà à des chefs sauvages, dont notre cupidité a surexcité l'ambition avide. — C'est contre ces trafiquants, qui vendent de première main ceux qui sont aussi bien leurs frères que les nôtres, que la charité devrait, avant tout, diriger ses pacifiques croisades; et les efforts de la compagnie, arrêteraient cet horrible commerce, que l'humanité et la religion flétrissent d'une juste réprobation, bien plus sûrement que n'ont pu le faire les traités de la diplomatie et la pratique rigoureuse du droit de visite.

Et ce droit de visite lui-même, qui naguère a failli devenir la cause ou le prétexte d'un conflit déplorable entre deux peuples, condamnés par la nature des choses à une rivalité éternelle, et dont le bon accord est cependant la seule garantie de la paix du monde; ce droit de visite, dont la pratique est exposée à tant d'abus et de dangers, ne perd-il pas tout à coup ses inconvénients s'il est exercé dans l'intérêt des nations par les navires d'une compagnie étrangère à toute préoccupation de nationalité, à tout intérêt particulier, à tout amour-propre, qui, poursuivant sans se détourner sa noble mission de conciliation et de paix, regarde ce monde comme une patrie, dont tous les citoyens sont frères, parce qu'ils sont enfants d'un même Dieu !

C'est à de pareils hommes, dépositaires de la confiance des différents peuples, que l'on pourra sans crainte commettre le soin d'arrêter, par une surveillance désintéressée, un trafic qui échappe aujourd'hui à tout contrôle sérieux, difficile à exercer pour les vaisseaux appartenant aux nations qui possèdent des colonies, pénible à subir pour toutes, parce que l'acte de déférence qu'il suppose présente les apparences d'une soumission humiliante, le droit de visite ne deviendra possible et efficace que lorsque les peuples le verront exercé par leurs propres mandataires et leurs représentants. Ils auront délégué à une compagnie, recrutée dans leur sein, un pouvoir tutélaire dont l'abus serait sans cause et sans objet.

Et alors si la traite pouvait échapper aux efforts tentés sur le sol même où naît l'esclavage, poursuivie et sévèrement surveillée dans sa course à travers les mers, elle ne résisterait pas à une consciencieuse investigation, pratiquée par les délégués des peuples abolitionnistes.

La même force dont l'armera la confiance des divers Etats, sera mise encore en usage dans l'intérêt général, pour apporter un terme aux restes de piraterie qui peuvent subsister aujourd'hui. Le sentiment de fraternité chrétienne qui portait jadis le grand Vincent de Paule à s'offrir lui-même aux fers des forbans africains, pour rendre la liberté à un pauvre prisonnier, s'attaquera, en se transformant, à la piraterie elle-même, que la compagnie, devenue guerrière par piété, poursuivra, s'il le faut, jusque dans ses derniers repaires.

Mais bien d'autres œuvres de civilisation, d'humanité et de progrès lui sont réservées. — Quel que soit, par exemple, le résultat de l'enquête ouverte depuis plusieurs années sur l'abolition ou le maintien des quarantaines, ne pourrait-elle pas, parmi les établissements qu'elle ne manquerait pas de fonder, en consacrer quelques-uns au but spécial que se proposent les lazarets? — et ceux qu'elle entretiendrait, n'offriraient-ils pas de grands avantages aux vaisseaux partis des lieux soupçonnés de contenir le germe des maladies regardées comme contagieuses ?

Sous le patronage et avec le concours d'une compagnie dont le dévouement religieux est le mobile, et qui porte son action partout où il y a quelque œuvre utile à protéger, les fondations de toute nature dues aux inspirations de la piété ou aux conseils de la philanthropie deviennent plus actives et plus prospères.

Les retraites solitaires où viennent s'abriter les âmes timorées ou les cœurs souffrants, pour se soustraire aux agitations du monde et se consoler de ses mécomptes et de ses déceptions ; — les maisons pieuses d'où partent ces intrépides missionnaires qui, pour semer la parole du Christ parmi les nations qui ont le malheur d'ignorer encore le vrai Dieu, courent affronter la mort et le supplice, dans un temps où les hommes ne sont guère martyrs que de la spéculation et de l'égoïsme ; — toutes ces créations antiques ou récentes, reçoivent une vie nouvelle de la coopération que leur prêtent les frères de la compagnie de Saint-Pie partout où leur concours est nécessaire.

Cette influence si désirable est possible, quelque immense qu'elle paraisse d'abord, en raison de la position toute spéciale que lui donne l'exécution des deux canalisations dont tous comprendront et ressentiront le bienfait.

Mais ajoutons que ce grand travail, pour l'achèvement duquel des sommes considérables sont nécessaires, ne peut être abandonné par les gouvernements de l'Europe qu'à une compagnie qui, différant entièrement de toutes les sociétés purement industrielles, se présenterait aux peuples avec une organisation qui inspirât toute sécurité pour le présent et toute confiance pour l'avenir.

Car cette sécurité et cette confiance seraient la conséquence nécessaire de la nature même de ses statuts : — résumant ce qu'une connaissance approfondie des lois et des règlements qui régissent les sociétés et même les États les mieux administrés, ils recevraient une autorité et une consécration nouvelles de l'approbation solennelle que leur donnerait une haute sagesse.

C'est aussi seulement avec une compagnie fondée sous de

tels auspices que pourront et voudront traiter les possesseurs actuels des territoires sur lesquels s'établira le centre de ses opérations. — Elle seule pourra, sans causer d'ombrage, être investie de la force nécessaire pour qu'elle se fasse respecter à titre de puissance neutre, parce qu'elle ne sera ni conquérante, ni commerçante, et qu'elle aura fait tourner à l'avantage des populations indigènes toutes les fondations d'industrie, de commerce, d'agriculture, pour lesquelles celles-ci ne peuvent s'empêcher de reconnaître leur impuissance. — Certes, le gouvernement de la Nouvelle-Grenade, qui faisait de si larges concessions à une des sociétés qui s'étaient présentées pour mener à fin une entreprise devant laquelle toutes devaient reculer, n'hésiterait pas à en concéder de semblables à une compagnie qui lui présenterait de tout autres garanties et des moyens de succès tout autrement évidents et réels.

En saluant avec une profonde reconnaissance et un vif enthousiasme l'ère nouvelle que vient d'ouvrir le pontife vénéré, sur les pas duquel l'humanité peut marcher désormais sans s'égarer, nous avons immédiatement entrevu que les temps étaient arrivés où toute œuvre grande et d'utilité universelle pouvait être abordée.

Il fallait, pour que nous pussions espérer de pouvoir enrôler sous le même signe les associés volontaires que nous nous proposions d'appeler, mettre notre entreprise sous la sauvegarde de la foi religieuse qui seule peut remuer ou abaisser les montagnes; il nous fallait, pour pouvoir rallier autour du même drapeau tant d'éléments divers, un de ces chefs qui, comme autrefois saint Paul, pût faire entendre sa voix à toutes les églises, en inspirant à tous les membres de la famille chrétienne, si divisés qu'ils fussent par leurs sentiments politiques, leurs préjugés nationaux, ou la différence de leurs dogmes, une égale confiance ; — et nous avons eu le bonheur de rencontrer, dans l'auguste souverain dont l'action, pour être réellement catholique, ne doit pas être circonscrite dans la péninsule, mais se faire sentir à toutes les nations, un protecteur et un guide ! — et il ne fallait rien moins que cette circonstance, pour engager à provoquer de toutes nos forces la formation d'une compagnie, plus propre que tout autre à venir en aide aux deux grands besoins que la papauté peut et veut aujour-d'hui satisfaire ; à savoir :—le maintien de la paix universelle, par la régularisation de la liberté, et le rappel à l'unité de toutes les communions chrétiennes, par l'application intelligente de la tolérance religieuse.

Si, dans une question aussi grave, il nous a été donné de voir plus haut et plus loin que les hommes distingués qui, tour à tour, lui ont apporté depuis vingt-cinq ans le tribut de leurs lumières, c'est que, placé uniquement au point de vue pratique, ceux-ci n'ont dirigé leurs études que sur la possibilité du travail et sur les moyens d'exécution dont la science pourrait disposer. C'est dans ce sens que les deux isthmes ont été explorés et étudiés par MM. Bayley et Stéphens, en Angleterre ; Michel Chevalier et Garella, en France ; Lloyd et Falmarc, aux Etats-Unis.

Quant aux compagnies qui, venues à la suite des hommes de l'art, ont donné leurs soins à la partie industrielle ou commerciale, elles n'ont pas tardé à s'apercevoir qu'un concert européen, ou même le concours de deux ou trois puissances intéressées, condition *sine quâ non* du percement de ces deux voies de transport destinées à modifier si puissamment les relations commerciales et politiques des peuples, n'étaient pas une chose facile. — Elles ont aussi bientôt compris que la spéculation ne pouvait se contenter même de la perspective du placement avantageux des capitaux, lorsqu'il s'agissait de réunir préalablement un nombre d'actions suffisant pour procéder à l'exécution du travail imposant et monumental qu'il fallait aborder ; — exécution jugée par des esprits élevés comme pouvant être mise, par ses résultats, en parallèle avec la découverte même du nouveau monde. — Aussi toutes ont-elles reculé devant la difficulté de l'œuvre.

Elles seraient entrées dans une voie plus large si, moins exclusivement préoccupées des travaux à faire pour creuser un canal de soixante-quinze kilomètres pour le moins, et des profits que pourrait offrir à leurs actionnaires la perception du droit de traversée imposée aux nombreux navires qui s'empresseraient de prendre une direction si profitable au intérêts du commerce, elle avait cherché la solution d'un problème tout autrement important et difficile : — celui de l'établissement et du maintien de la compagnie à qui devait être confiée la grande et noble tâche de garder ces thermopyles de l'Océan, qu'elle pourrait à son gré ouvrir ou fermer au commerce du monde.

Qu'on ne s'y trompe pas : — ni l'Angleterre, ni la France, ni les États américains, ni les possesseurs actuels des contrées assises sur les flancs des deux isthmes, ne pourront investir d'une pareille mission, qu'une société capable de faire servir à l'intérêt général le pouvoir nécessaire à sa propre conservation, et à la défense des intérêts commis à sa foi ; — une société, comme nous l'avons déjà dit, étrangère à toute préoccupation politique, à tout calcul intéressé, à toute spéculation mercantile ; une société, en un mot, qui, rappelant les beaux souvenirs d'une époque d'héroïsme chevaleresque, répandra sur une œuvre éminemment propre à satisfaire toutes les tendances spéculatrices et positives de notre siècle, une sainte auréole d'abnégation et de foi.

Les ordres religieux et militaires, appropriés aux époques des luttes féodales et aux temps des invasions de la barbarie, n'ayant plus à soutenir ces nobles épreuves auxquelles ils étaient engagés par leurs vœux, n'ont aujourd'hui qu'une existence honorifique, et ne manifestent guère d'autre prétention que celle de témoigner, en conservant avec respect leurs titres, leurs insignes et leurs statuts, de leur inviolable attachement à cette foi religieuse qui seule peut inspirer le dévouement et l'abnégation.

Les frères de la compagnie de Saint-Pie, animés par les mêmes sentiments, poussés par le même mobile, feront revivre dans leur œuvre complexe, dans leur institution, industrielle et libérale par son objet et son but spécial, mais chrétienne par son esprit, ces grandes vertus dont la mémoire n'est pas éteinte, et que pouvait ressusciter seul le grand Pape, vers lequel se tournent aujourd'hui les espérances et les vœux des fidèles !

Ce serait, n'en doutons pas, un beau et consolant spectacle que celui d'une société, recevant du Saint Père mission d'aller exécuter, dans l'intérêt de tous les peuples, le plus grand travail dont puisse s'honorer la science du dix-neuvième siècle ; — puis consacrée par l'auguste suffrage du siége apostolique, appelée à profiter du pouvoir exceptionnel que lui donnera la garde de l'entrée d'un monde dans l'autre, pour faire concourir à d'autres œuvres bien plus importantes encore les efforts de la science humaine et de la charité religieuse : — hospitalière comme les nobles chevaliers de Saint-Jean-de-Jérusalem, intrépide comme les héros du

Temple ou les chevaliers Teutoniques, charitable comme les religieux de Saint-Maurice, dévouée comme les frères de la Merci, active comme les marins de Saint-Étienne, et en même temps laborieux comme les frères Moraves, industrieuse comme les enfants de Penn ou les disciples d'Owen, et, réalisant par l'emploi de tous les moyens produits par les progrès de la civilisation, tout ce qu'il y a de possible et de pratique dans les inspirations des économistes les plus avancés !

Et nous ne présumons pas trop des efforts et de la puissance de la compagnie, dont tous nos vœux appellent la fondation, sortie, non de l'inspiration de quelques industriels avides, de l'ambition intéressée de tel ou tel gouvernement, mais du concours de tous les hommes susceptibles de sympathiser avec une œuvre entreprise dans un esprit de dévouement et avec un vif sentiment du progrès.

Aussi n'hésitons-nous pas à convier les souverains et les gouvernements à nous prêter leur concours. Nul sacrifice, nulle subvention pécuniaire n'aura jamais été accordée par la munificence des rois, ou votée par la sagesse des assemblées représentatives, pour une fondation qui offre, d'une manière plus éclatante, le double caractère de l'utilité pratique et de la grandeur idéale !

Car l'œuvre est digne d'être méditée et appréciée par tous les hommes généreux, et la compagnie que nous voulons fonder est digne de l'œuvre !

A vous, Très-Saint Père, à vous seul peut être réservée la gloire de donner l'impulsion aux hommes dévoués à cette nouvelle conquête de la civilisation, qui doit achever et compléter la double découverte de Colomb et de Vasco de Gama. — Mais vous, seul aussi, par l'ascendant de ce génie sauveur que la divine Providence fait briller pour le bonheur du monde, pouvez imprimer un caractère à la fois populaire et sacré à cette noble entreprise, en la mettant sous la sauvegarde de l'église chrétienne, appelée par Votre Sainteté à reprendre son vieil office de liberté, de progrès et de civilisation !

SUEZ ET PANAMA.

DEUXIÈME PARTIE.

TRAVAUX A EXÉCUTER POUR LA CANALISATION DES DEUX ISTHMES.

1° Isthme de Panama.

La découverte de l'Amérique ne pouvait satisfaire la vaste ambition des génies aventureux qui, sur les pas des Christophe Colomb, des Fernand Cortez et des Pizarre, faisaient, en courant, la conquête des îles, des vastes continents ou des florissants empires, dont ils prenaient possession au nom des rois d'Espagne. — En 1513, Nuñez de Balboa avait aperçu, du haut de la sierra de Quarégna, l'océan Pacifique, et cette nouvelle découverte, qui doublait le prix de la première, lui avait aussitôt inspiré la grande pensée d'abattre la muraille de montagnes que la nature a jetée entre l'Océan européen et les rivages infinis de la mer Pacifique.

Les ingénieurs de Charles-Quint et de Philippe II s'occupèrent immédiatement de rechercher les moyens d'opérer
cette jonction, dont l'imagination des intrépides Argonautes
du seizième siècle comprit la prodigieuse importance.

Déjà, à cette époque, les divers passages, entre lesquels
se sont partagées les études des hommes de l'art envoyés
récemment sur les lieux par les chefs des principaux États
maritimes de l'Europe et de l'Amérique, avaient été signalés
et proposés au choix des souverains de ce beau royaume
d'Espagne, aujourd'hui si déchu, mais alors arrivé au plus
haut degré de puissance et de splendeur. — Fernand Cortez,
en 1520, désignait la rivière de *Guasacoalco* et l'isthme de
Téhuantepec; — Hernando de la Serna explorait, en 1527, les
lieux situés entre *Chagrès* et *Panama;* — d'autres proposaient
le passage par le lac de *Nicaragua :* — et ces trois points étaient
précisément ceux qu'un voyageur célèbre, dont le nom est
l'autorité scientifique la plus respectée et la plus grave de
notre temps, M. de Humbolt, devait noter comme les plus
praticables et les plus avantageux.

Situés dans des territoires appartenant à trois États différents, la Nouvelle-Grenade, l'Amérique centrale et le
Mexique, ces trois points ont été, plus que tous les autres,
l'objet des investigations de la science et des espérances des
spéculateurs. — Grâce aux travaux récents exécutés à l'ins-
tigation de l'Angleterre, de l'Espagne, des États-Unis, de la
Hollande et de la France, la science possède des données
suffisantes pour asseoir sur une base certaine l'opinion qui
regarde la jonction des deux mers au moyen d'un canal,
comme immédiatement réalisable. — Cette opinion ne saurait
être l'objet d'aucun doute pour les personnes qui ont pris
connaissance des rapports ou des documents authentiques

fournis par le général de génie *Orbegoso*, et don *José Garay*, envoyés par le gouvernement du Mexique dans l'isthme de Téhuantepec ; MM. *Bayley* et *Stephens*, chargés par le gouvernement britannique pour étudier le tracé de la vallée de Nicaragua ; — MM. *Lloyd* et *Falmarc*, qui, sur l'invitation du célèbre Bolivar, s'occupèrent surtout de l'isthme de Panama ; — le capitaine *Cochrane*, qui a dirigé les études du côté de la vallée de l'Atrato ; — MM. *Michel Chevalier* et *Napoléon Garella*, qui, dans leurs travaux ou leurs publications sur ce sujet, représentent, au milieu des ingénieurs qui se sont livrés à l'examen de la question, le bon sens pratique et l'intelligente lucidité du génie français.

En combinant les renseignements puisés à ces diverses sources, et surtout en les complétant par les observations plus récentes faites sur les lieux par les deux savants ingénieurs français que nous venons de citer, on peut se faire assez facilement une idée de la nature des opérations, des frais et des moyens d'exécution qu'exigerait l'accomplissement de l'œuvre qui, depuis plus de trois siècles, sollicite le génie actif et audacieux des hommes de l'Occident.

La voie de communication qui semble rallier autour d'elle les opinions les plus sages, est celle d'un grand canal maritime ayant pour but le passage de navires de 600 à 1,200 tonneaux, et le transport des marchandises sans transbordement.

Indiquons les points les plus importants des questions soulevées par la solution du problème : — nous n'avons pas la prétention de développer d'une manière complète un sujet aussi compliqué : — nous ne faisons que résumer, en ce qui concerne surtout la partie technique, les résultats consignés dans les mémoires des savants et des hommes de l'art auxquels nous aurons soin de renvoyer pour la vérification des observations et des calculs qui servent de base à leurs opérations.

On connaît la configuration extérieure de ce vaste espace qui soude l'une à l'autre l'Amérique du Nord et celle du Sud, et que l'on appelle l'*isthme de Panama*. — Sur une longueur de près de 600 lieues il présente une largeur très-variable dont le maximum s'élève à 220 kilomètres (54 lieues) aux bouches du Guazacoalco, et le minimum à 50 kilomètres (12 lieues et demie) seulement, entre la baie *Mandinga* et l'embouchure du rio *Chepo*. — Par une circonstance toute providentielle, la chaîne de montagnes qui du nord au midi traverse les deux Amériques dans une longueur de 14,000 kilomètres (près de 3,700 lieues, trente-cinq fois environ la longueur des Pyrénées), cette chaîne, dont plusieurs pics s'élèvent à une hauteur qui n'est surpassée que par les sommets les plus élevés de l'Hymalaya, s'abaisse d'une manière extraordinaire, précisément vers le milieu de l'isthme, et dans cette partie à travers laquelle l'air humain sent le besoin de se frayer un passage. — Cet affaissement, dans la partie où l'isthme est le plus étroit, ne laisse plus entre les deux mers qu'une digue qui n'a pas au-dessus de leurs flots une élévation supérieure à celle que l'art peut faire franchir à un canal ordinaire, au moyen des écluses inventées par les Italiens au quinzième siècle.

Dans l'espace que nous venons de décrire, et qui, bien que parcouru par de nombreux voyageurs, laisse néanmoins bien des découvertes à faire et des terrains à explorer, la science a marqué cinq principales localités parmi lesquelles on pourrait choisir celle où serait tracé le canal de communication. Les voici tels que les indique M. Michel Chevalier.

1° En commençant par le nord, on rencontre d'abord : l'*isthme de Téhuantepec* où les deux cours d'eau, le Guasacoalco et le Chimalapa, adossés l'un à l'autre, se déversent, l'un dans l'océan Atlantique, l'autre dans le Pacifique. A vol d'oiseau la distance qui sépare les deux mers est ici de 220 kilomètres (55 lieues).

2° De l'autre côté de la presqu'île de Yucatan, la carte indique, du fond de la baie de Hunduras, sur l'Atlantique, à l'océan Pacifique, une distance assez faible d'environ 200 kilomètres (50 lieues) à vol d'oiseau, et montre, tout auprès, des cours d'eau qui, ayant leurs sources non loin de l'océan Pacifique, viennent presque tout droit se jeter dans l'Atlantique.

3° Plus au midi, à l'autre extrémité du diamètre de l'hémicycle décrit par l'Amérique centrale, le lac de *Nicaragua*, communiquant avec l'Atlantique par un beau fleuve, le San-Juan-de-Nicaragua, est situé au milieu des terres, comme un prolongement de cette mer, qui, ainsi semble pénétrer jusqu'à 2 ou 3 myriamètres de l'océan Pacifique.

4° Ensuite apparaît l'isthme de Panama proprement dit. — C'est là que la longue chaussée qui relie l'une à l'autre les deux Amériques a, comme nous l'avons dit, son minimum d'épaisseur. De la ville de Panama sur l'océan Pacifique à celle de Porto-Bello sur l'Atlantique, la distance en ligne droite n'est que d'environ 65 kilomètres (16 lieues 1 quart). — D'autres tracés faits sur le même point présenteraient des avantages tellement réels, que, sauf de nouvelles études, ce point serait jusqu'à présent celui que l'on devrait choisir de préférence.

5° Enfin, un passage remarquable se trouverait encore dans cette partie de l'isthme où commence l'Amérique du sud ; c'est celui qui s'effectuerait par la vallée d'un fleuve considérable, l'*Atrato*, qui se jette dans le golfe Darien. Le trajet aurait au moins 450 kilomètres (112 lieues 1/2); — mais les inconvénients de la longueur seraient balancés par des avantages qui ne seraient point à dédaigner.

Ces cinq contrées, sur lesquelles s'est plus particulièrement portée l'attention des géographes et des ingénieurs, se recommandent, à divers titres, à l'observateur et au choix des hommes de l'art. — Dans toutes, une végétation luxuriante atteste la richesse du sol et la douceur du climat. — Les belles forêts de Pétapa et de Tarifa ont été longtemps exploitées par les chantiers de construction navale de la Havane, qui en recevait les produits par le Guasacoalco ; — et les plaines fertiles des environs de Téhuantepec, arrosées par le Chimalapa, sont de nature à fournir les plus abondantes récoltes. — Là fleurit autrefois, sous l'autorité des rois mexicains, une population riche et puissante, qui depuis a disparu, laissant les traces d'une civilisation, que de nouveaux colons, amenés dans ces belles contrées, ne manqueraient pas de faire sortir de ses ruines.

A l'est de l'isthme de Téhuantepec, où s'élève d'un côté la Péninsule du Yucatan, et où s'épanouit, de l'autre, la baie du Honduras, se déploient plusieurs plateaux dont aucun lieu du monde ne surpasse la splendeur et la magnificence. — C'est là que se trouve, à 500 ou 600 mètres au-dessus de la mer Pacifique, la belle cité de Guatimala, délicieusement assise entre deux volcans qui la menacent sans cesse, mais dont elle brave la colère, heureuse et fière de s'étendre dans une plaine tiède, salubre et parfaitement arrosée, où la nature étale toute les richesses de la végétation. — Et quand on pense que tout autour de cette vaste partie de l'Amérique s'étendent des pays où coulent des rivières profondes, et qui sont encore inconnues des géographes et des voyageurs de l'Europe, quel avenir ne pourrait-on pas prévoir pour les colonies qui viendraient y apporter les bienfaits de la civilisation?

Mêmes beautés, même richesse, mêmes sites ravissants dans cette autre partie de l'isthme que baigne à l'est la baie des Mosquitos et à l'ouest le golfe de Papajayo. — C'est de ce pays que parlait avec tant d'enthousiasme un savant ingénieur, M. Stephens, qui y a fait de nombreuses études topographiques, lorsque, se voyant sous son ciel éblouissant et se sentant baigné par un air tiède et pur, qui porte l'âme à la molle rêverie et au repos, il semblait craindre que les Anglo-Américains, malgré leur brûlante énergie, ne s'abandonnassent à la paresse qu'ils méprisent, incapables qu'ils seraient de résister à tant de séductions! — Quel parti ne tirerait-on pas d'une contrée où, comme dans les environs de la ville de Tipitapa, entre le lac de Nicaragua et le lac de Léon, se trouvent en abondance les productions les plus riches et les plus utiles, le plus bel indigo du monde, et du maïs donnant 400 à 600 grains pour un! — C'est sous l'influence de cette riche nature que Cristophe Colomb concevait la mystique espérance de découvrir l'emplacement où Dieu avait établi le paradis terrestre!

Le génie de l'Europe ne trouverait pas moins de ressources, et moins de découvertes à faire, dans son propre intérêt comme dans celui des populations indigènes et de leurs gouvernements, soit dans cette portion plus resserrée où s'élève la ville de Panama, soit dans les vallées fertiles qu'arrose le Rio-Atrato et que borde le golfe Darien.

Nous ne donnerons pas ici les résultats obtenus par les

ingénieurs chargés d'explorer ces diverses localités : — les tracés qu'ils indiquent, les devis estimatifs des dépenses probables qu'ils entraîneraient, et en même temps leurs avantages et leurs inconvénients, sont exposés dans les rapports spéciaux que nos lecteurs pourront consulter.

Mais, entre tous les projets présentés, nous choisirons de préférence celui que la France doit à un savant et modeste ingénieur, M. Napoléon Garella, envoyé en 1844 par le gouvernement français pour aller visiter spécialement l'isthme de Panama proprement dit, avec mission *d'étudier la question de la jonction des deux mers par le percement de l'isthme, et d'en chercher une solution pratique, tant sous le rapport des obstacles à surmonter, que sous celui des moyens d'y réussir et des dépenses qu'entraînerait une semblable entreprise.*

Sans rien préjuger sur les autres modes qui pourraient être suivis pour arriver au même résultat, et en faisant toutes nos réserves pour les points dont le choix pourrait présenter plus tard des avantages plus considérables, nous nous arrêterons au projet élaboré par M. Garella, qui a préféré aux autres tracés, celui qui, prenant l'isthme à sa partie la plus étroite, irait des environs de la rivière de Chagrès ou de la baie du limon, aux environs de la ville de Panama. — Nous nous bornerons à faire connaître les bases essentielles d'un travail qui présente tous les caractères de l'exactitude, et qui, par sa nature, peut offrir les plus solides garanties. On en trouvera les développements avec la production détaillée de tous les calculs et de toutes les observations théoriques et pratiques sur lesquels ce grand travail est fondé, dans le beau et consciencieux rapport que son auteur a déposé aux archives du ministère des affaires étrangères à Paris.

L'affaissement de la barrière de montagnes qui se dresse

sur toute la longueur de l'isthme commence à partir des
pics ardus et escarpés de la Trinité (*Cerro de la Trinidad*),
situés à 50 kilomètres (12 lieues 1/2) ouest de la ville
de Panama dont la hauteur peut être évaluée à 1200
à 1500 mètres (environ 1 lieue 1/2). — Cet affaissement
se prolonge sur une étendue de 40 kilomètres (10 lieues)
jusqu'aux mamelons des *Ormigueros*, non loin des chemins
de Panama à Crucès et à la Gorgone, la chaîne se relève
ensuite peu à peu, et reprend vis-à-vis de Porto Belo et
plus loin au golfe de San-Blas, sa hauteur primitive. —
Sur cette longueur on rencontre plusieurs cols ou points de
passage, d'un versant à l'autre, dont la hauteur, en général
faible, varie de 130 à 160 mètres, entre lesquels la crête de
la chaîne s'élève peu, et forme des mamelons et non des
pics ou des massifs élevés.

C'est tout naturellement par cette partie de la chaîne
centrale que les ingénieurs ont dû songer tout d'abord à faire
passer le canal de jonction pour lequel plusieurs tracés, entre
autres celui de MM. Lloyd et Falmarc, ont été proposés.

C'est sur ce point signalé, avant tous les autres, à l'attention des ingénieurs, qu'une compagnie, autorisée par le gouvernement de la Nouvelle-Grenade, avait dirigé ses observations, dont le résultat surprenant avait tout à coup suscité,
sur la facilité d'exécution d'un grand canal à point de partage, des espérances exagérées, que des études plus exactes
ont réduites à des proportions plus restreintes sans doute,
mais plus positives.

Entre le lac de Vino-Tinto et l'Yéquas, l'agent de la compagnie Franco-Grenadine, M. Morel, avait, sur des indica-
tions, reconnues depuis comme erronées, indiqué un point
élevé seulement de 11 mètres 28 centimètres au-dessus de la

mer moyenne à Panama. En venant du confluent du Trinidad et du Chagrès rejoindre le Bernardino, cette élévation n'eût plus été que de 10 mètres 40 centimètres. A ce compte (1), il eût suffi que la mer montât de la hauteur d'une des maisons les plus basses de Paris pour que les deux océans fussent joints naturellement, et que l'Amérique méridionale devînt une île entièrement séparée de l'Amérique du nord. Et comme rien n'est plus facile ni plus usuel que de creuser des tranchées de 15 à 16 mètres de hauteur, et qu'on va même sans grand effort au-delà de 20 mètres, on voit qu'en restant dans la limite des travaux habituels, on eût pu creuser le canal, même en donnant à sa cuvette la grande profondeur de 7 mètres, de telle façon qu'il s'alimentât, au moment des plus basses marées avec les seules eaux de la mer. C'eût été alors littéralement un détroit artificiel. Mais dans le terrain marécageux qui forme cette vallée transversale d'océan à océan, on devait avoir toute facilité pour s'approvisionner d'eau sans recourir à la mer. Un canal situé de la sorte aurait requis d'ailleurs un faible approvisionnement d'eau, quelles qu'en fussent les dimensions ; car, en ce terrain bas et humide, l'infiltration, qui, de toutes les causes de dépense d'eau sur les canaux est la plus active, ne serait aucunement à craindre.

Quant à la longueur du canal (de Chagrès à Panama) elle n'aurait été d'après le plan de M. Morel, que de 75,400 mètres (19 lieues environ) et déduction faite de la navigation dans le lit du Chagrès, de 54 kilomètres et demi (13 lieues 1/4 environ) dont moitié à peu près sur le versant de la mer du Sud et moitié sur celui de l'Atlantique. C'aurait donc

____

(1) Michel Chevalier, ouvrage cité, p. 119.

été l'un des canaux les plus courts du monde. En admettant les nivellements présentés par M. Morel, il eût été plus curieux encore par l'absence des écluses : car il ne lui en aurait fallu aucune, si ce n'est à chaque extrémité, pour corriger l'effet des marées, en retenant, au moyen des portes dont toute écluse est munie, les eaux à un niveau fixe dans le canal, pendant le flux et le reflux.

Les opérations de M. Garella s'étant immédiatement dirigées vers cette partie de l'isthme, où devait s'établir le bief de partage, puisque l'art y avait signalé une si forte dépression, l'ingénieur français ne tarda pas à trouver pour le même point une élévation supérieure de cent mètres à celle qui avait été établie dans le rapport fait à la compagnie franco-genadine

Cette différence, du reste, qui devait se résoudre, en définitive, en un surcroît de dépenses, était bien loin d'établir une impossibilité ou une insurmontable difficulté d'exécution, pour les travaux que nécessitera la canalisation. Les études faites sur les lieux par M. Garella sont, au contraire, de nature à dissiper sur ce sujet toute espèce d'incertitude et de doute.

Trois cours d'eau descendent des flancs du *Cerro de la Trinidad :* le *Caïmito,* que grossit le *Bernardino;* le *Canô Quebrado,* et le *Rio Trinidad :* ces deux derniers se jettent dans le *Rio Chagrès,* qui va se perdre dans l'océan Atlantique, au port de Chagrès.

Sur le versant de l'océan Pacifique coule le *Rio Grande,* situé entre le *Caïmito* et Panama.

Ces différents cours d'eau sont peu volumineux, à l'exception du *Chagrès,* le seul qui puisse être considéré comme réellement navigable.

Les eaux qui s'écoulent de la chaîne centrale, à son point d'affaissement, se partagent donc en deux bassins : celui du *Caïmito*, sur le versant de l'Océan pacifique, et celui du *Rio Chagrès*, ou plutôt de son affluent le *Canô Quebrado*. C'est entre ces deux bassins qu'il convient de chercher le point de passage du canal de communication entre les deux océans ; c'est dans leurs affluents que l'on devra trouver les vallées par lesquelles ce canal devra passer ; enfin, c'est au voisinage des embouchures du *Rio Caïmito*, et du *Rio Chagrès*, que l'on devra établir les points où ce canal lui-même débouchera dans la mer. On sait, en effet, que ce n'est pas à l'embouchure même des fleuves et des rivières que doivent aboutir les canaux, en raison des barres qui se forment toujours au point où les eaux courantes recontrent les eaux tranquilles de la mer.

Le *Rio Chagrès* ayant à son entrée une barre sur laquelle on ne trouve qu'une profondeur de 4 mètres, infranchissable pour des navires calant moins de 3 mètres 1/2 d'eau, il faudrait remédier à cette insuffisance par des travaux considérables, s'il ne se trouvait précisément dans cette même direction une baie, celle du *Limon*, présentant une profondeur d'eau qui n'a rien moins que 10 mètres à son centre. Dans cette baie du Limon, il serait facile d'établir un port vaste et sûr à l'entrée du canal, et d'éviter ainsi les inconvénients que présente l'embouchure du *Rio Chagrès*.

L'embouchure du *Caïmito* devrait être évitée pour des motifs plus puissants encore : elle est située au milieu d'une vaste plage, que la mer basse laisse à découvert jusqu'à une distance de la côte d'environ 1,000 mètres. On y trouve donc réunis le défaut de profondeur et l'inconvénient des sables. Le canal pourrait avoir son entrée sur un autre point de la côte, sur une petite baie signalée par M. Garella, comme offrant 350 mètres d'ouverture et 200 mètres de profondeur, et située à une lieue environ de l'embouchure du *Caïmito*, au pied de la petite montagne appelée *Vaca de Monte*. Il y aurait peu de chose à faire pour établir en ce lieu l'écluse d'entrée du canal, avec une profondeur d'eau telle que les navires pussent y entrer, au moins dans les hautes mers de morte-eau, vers les premiers et derniers quartiers de la lune.

En faisant déboucher le canal à Panama même, on exécuterait un travail plus profitable sans doute à cette ville, mais plus dispendieux. Or, une œuvre d'utilité générale doit faire abstraction des intérêts particuliers; et, d'ailleurs, rien ne serait plus aisé que d'établir, dans l'intérêt de la ville de Panama, des voies secondaires que l'on relierait au canal principal.

La partie hydrographique de l'isthme étant ainsi déterminée, il convient de constater la nature du sol, dont la formation est d'une si grande importance pour les travaux de canalisation, soit pour leur direction, soit pour les matériaux de construction qu'ils y peuvent rencontrer. Les observations géologiques faites dans l'intervalle d'environ 1 myriamètre (2 lieues 1/2) de longueur, qui s'étend de Panama à Chagrès, peuvent en rapporter les terrains à quatre formations distinctes : 1° formation porphyrique et trappéenne, qui est de beaucoup la plus étendue, et qui comprend les roches de toutes les montagnes de l'isthme, depuis les environs de Panama jusqu'aux derniers mamelons des contre-forts de la chaîne centrale à Varro Cobrado; 2° formation de grès et de grauwackes de transition que l'on voit à Panama même, et sur les versants du *Cerro Grande*, et à laquelle il faudrait peut-être aussi rattacher les roches de Barbacoa; 3° formation secondaire qui ne se montrerait qu'en un seul point, au-dessous de Vamos-Vamos, en admettant que les roches de Barbacoa dussent être rattachées à la précédente; 4° enfin, formation de grès et de calcaire coquillier tertiaire, la plus considérable, après celle de trapp et de porphyre, et qui comprend tout le terrain qui s'étend entre le Rio Trinidad et la mer, sur la rive gauche du Chagrès, et sur la rive droite, tout ce qui s'étend jusqu'à la baie du Limon. Les roches dont se composent ces divers terrains sont presque constamment recouvertes par une terre végétale composée d'une argile forte, quelquefois sablonneuse, et dont l'épaisseur doit être considérable si l'on en juge par l'abondance et la vigueur de la végétation à laquelle elle donne naissance.

Cet aperçu suffit pour faire comprendre que, d'après la nature de ces terrains de trapp et de porphyre et l'étendue qu'ils occupent, le canal qui joindrait la rivière de Chagrès à la petite baie de *Vaca de Monte*, indiquée par M. Garella, comme devant en former l'entrée dans la mer Pacifique, devrait être creusé, ou dans la terre végétale, ou dans les roches trappiques, porphyriques et argileuses qui les accompagnent.

De belles pierres de taille telles que celles que fournissent les blocs porphyriques des carrières de Panama et de Chagrès, la pierre calcaire de Vamos-Vamos d'un grès très-fin; les amphibolites qui fourniraient des moëllons pour les maçonneries ordinaires; d'excellentes terres à briques fournies par les argiles dont il a été question plus haut; telles sont, pour les constructions, les ressources que l'isthme fournirait en abondance. Quant à la chaux, en réunissant à la chaux grasse des polypiers que l'on trouve en grande quantité à la baie du Limon et à Porto Belo, l'excellente pouzzolane, que renferment les bancs de la Guadeloupe, et dont le transport jusqu'à Chagrès serait fort peu dispendieux, on obtiendrait une excellente chaux hydraulique. En l'absence de carrières de sable dont les couches doivent être rares, en vertu de la nature des terrains, on pourrait employer celui que déposent les ruisseaux, et principalement pour les constructions faites au-dessous de l'eau, celui que fournit la mer.

Les forêts répandues sur les différents points de l'isthme et qui bordent, en certaines parties, des savanes ou prairies artificielles et des champs de maïs, de riz, de bananes et de cannes à sucre, contiennent une grande variété d'arbres dont l'art ferait d'excellents bois de construction. Les plus beaux, bien souvent, et particulièrement ceux que les habitants nomment *quipos*, tombent et pourrissent sur place à cause de l'absence de toute voie de communication et de moyens de transport. Le *nispero* (néflier), le *manglier*, le *cèdre*, le *gaïac*, l'*acajou* (1), le *caoutchouc* enfin, fourniraient des charpentes, des poutres, des bois de bateaux, en un mot les diverses pièces dont leur nature déterminerait les usages et l'emploi.

Les ressources du pays énumérées, abordons la question relative au tracé et aux dispositions principales du canal projeté.

Le caractère d'utilité générale et le but tout pacifique qui doivent être, avant tout, recherchés dans la construction de

(1) Cet acajou n'a de commun que le nom avec le bois employé dans la fabrication des meubles, et que l'on tire généralement de Saint-Domingue.

ce canal, dispensent les ingénieurs de s'occuper des devis des dépenses qu'occasionnerait une voie maritime ouverte aux frégates armées en guerre.

Or, les navires de commerce des plus fortes dimensions sont ceux de 1200 tonneaux, dont les dimensions sont loin d'égaler celles que l'on donne aux vaisseaux de guerre. Quant aux grands bâtiments transatlantiques qui sont mus par la vapeur, leur longueur et leur largeur seraient encore plus considérables. Mais rien n'exige que le canal à construire soit exécuté dans les proportions qui le rendraient propres à recevoir ces énormes steamers. Comme ils ne transportent que des voyageurs, des dépêches et quelques rares marchandises de prix, il n'y aurait, pour les objets dont se compose leur chargement, aucun inconvénient grave dans un transbordement. Un petit bateau à vapeur, destiné au service du canal seulement, et de dimensions telles qu'il pût être admis dans les écluses construites pour les bâtiments de 1200 tonneaux, pourrait recevoir les voyageurs, les dépêches et les marchandises à une entrée du canal, et les transporter avec célérité à l'autre extrémité.

D'ailleurs on pourrait prévoir l'époque où la substitution des hélices aux grandes roues motrices pourra permettre de ramener les paquebots transaltiques aux dimensions des bâtiments auxquels le canal dont nous rendons compte serait spécialement destiné.

Ce canal aurait, dans la plus grande étendue, un tirant d'eau de 7 mètres, une largeur de 45 à la ligne d'eau, et de 20 au plafond. Ses écluses auraient une largeur de 14 mètres 20, et une longueur de 64 mètres.

Il aurait ainsi, dans ses diverses dimensions, un cinquième

de plus que le canal Calédonien, qui est le plus grand de tous les canaux existants, et qui est établi de manière à pouvoir admettre des frégates de troisième rang. Le tirant d'eau qu'offre celui-ci est de 6 mètres 10, sa largeur est de 37 mètres à la ligne d'eau, et de 15 mètres 20 au plafond. Ses écluses ont 12 mètres 20 de largeur et 52 mètres 40 de longueur.

Le choix du point de partage du canal, dont la position et la hauteur déterminent soit le nombre des écluses à exécuter sur chaque versant, soit surtout les facilités d'alimentation, n'est pas d'un intérêt médiocre. En prenant, avec M. Garella, le col d'Ahogayégua, un peu plus élevé que celui de Paja, adopté par l'ingénieur de la compagnie franco-grenadine, on aurait à percer, soit au moyen d'un passage souterrain, soit par une tranchée, un mamelon élevé de 140 mètres au-dessus du niveau de la mer. C'est à travers cet obstacle qu'il faudrait opérer la communication de la vallée du *Bernardino* avec celle du *Rio Paja*, situées toutes les deux dans les circonstances les plus favorables au tracé d'un canal.

Ici, deux hypothèses se présentent :

1° Celle d'un bief de partage avec un souterrain;

2° Celle d'un bief de partage avec une tranchée.

Nous exposerons ce qu'il conviendrait de faire dans l'un ou l'autre cas.

Le canal souterrain serait plus économique, mais moins commode, le canal à tranchée plus dispendieux, mais plus approprié à la grandeur du but qu'on se propose (1).

(1) M. Michel Chevalier signale, pour les canaux souterrains, quelques inconvénients fondés, soit sur les difficultés et les lenteurs des manœuvres à exécuter par les vaisseaux qui les traversent, soit sur la répugnance des marins

A une hauteur de 56 mètres au-dessus des plus hautes eaux de l'océan Pacifique, et à une profondeur de 84 mètres au-dessous du point culminant, limite qu'il convient de s'imposer pour une grande tranchée, la distance du *Bernardino* et du *Rio Paja* n'est que de 6650 mètres (un peu plus de 1 lieue 1/2).

En abaissant encore un peu plus, et en descendant à une hauteur de 41 mètres au-dessous du niveau de la mer, et de 99 au-dessous du point culminant, on augmenterait la distance des deux cours d'eau ; — mais elle ne serait encore que de 8,000 mètres (2 lieues). A cette profondeur, si l'on voulait y établir une tranchée, ce qui néanmoins ne serait nullement au-dessus des moyens d'exécution que possède la science, on pourrait y percer un souterrain qui, précédé de tranchées de 45 à 50 mètres de profondeur, pourrait être réduit à une longueur de 5 à 6 kilomètres.

En cet état, il y aurait à racheter, par les écluses du côté de l'océan Pacifique, une chute de 48 mètres, au moyen de seize écluses ayant chacune 3 mètres de chute, auxquelles il faudrait ajouter une écluse de garde au point du débouché dans l'Océan, en tout dix-sept écluses.

Sur le versant nord, la chute à racheter serait de 54 mètres, ou qui exigerait dix-huit écluses de 3 mètres de chute chacune, comme celle de l'autre versant.

Le projet de tracé que nous donnons ici d'une manière sommaire, présenterait, pour la partie du canal située sur le versant sud, à partir du bief de partage, une longueur de 13,450 mètres (3 lieues 1/3 environ), ce qui établi-

pour les passages où ils sont, pendant quelque temps, privés de la lumière du soleil. M. Garella croit, avec raison, peu fondés les motifs sur lesquels s'appuierait contre ce genre de passage une fin de non-recevoir.

rait pour chaque bief, en moyenne, une longueur de 840 mètres; et pour la partie située sur le versant nord, toujours à partir du bief de partage, une longueur de 33,560 mètres (un peu moins de 8 lieues 1/2), établissant pour chaque bief une longueur moyenne de 1962 mètres; le bief de partage ayant, d'ailleurs, 7,730 mètres, la longueur totale du canal, entre la mer Pacifique et la rivière de *Chagrès*, serait de 54,740 mètres (13 lieues 1/2 environ).

La distance de ce point à la baie du Limon, en partie par le cours du *Chagrès* et en partie par un canal artificiel, étant de 21,710 mètres (5 lieues 1/2 à peu près), on aurait, pour la longueur totale de la ligne de navigation, 76,450 mètres (19 lieues 1/10).

Nous avons jusqu'ici raisonné et calculé dans l'hypothèse d'un canal souterrain. Les travaux et les dépenses dont le rapport de M. Garella porte le devis estimatif à la somme de *cent trente millions*, devraient être augmentés de 19 millions environ, en tout 149 millions, s'il s'agissait d'établir le bief de partage au moyen d'une tranchée. Ce serait sans doute un travail plus difficile, et qui ne trouverait d'analogue que parmi ceux qui honorent le plus la science et le pouvoir de l'homme. Mais toutes les ressources de l'art peuvent bien légitimement être appelées au secours d'une œuvre qui, pour nous servir de l'expression d'un savant ingénieur, présenterait, pour le commerce et la civilisation du monde, des avantages dont l'importance serait, à celle du plus grand travail en ce genre, le canal Calédonien, dans la proportion d'un détroit au grand Océan, ou de l'île de la Grande-Bretagne aux deux Amériques (1).

(1) La grande tranchée de Huehuetoca, exécutée anciennement au Mexique pour l'écoulement des lacs voisins de Mexico, et qui a 20,585 mètres (un peu

Il ne s'agit d'ailleurs ici que d'un travail dont le plus grand inconvénient serait un surcroît de dépenses de 19 millions. Nous ne pensons pas que cette considération puisse arrêter une compagnie telle que celle que nous proposons de former pour l'accomplir.

La tranchée qui devrait être établie au point culminant du canal de Panama, devra être creusée dans un terrain de roche cristalline, dure et très consistante, où aucun ouvrage ne sera nécessaire pour le soutènement; ce qui permettrait parfaitement d'atteindre et même de dépasser les profondeurs proposées par M. Garalla.

L'habile et consciencieux ingénieur fixe à 84 mètres au-dessous du point culminant la limite de profondeur de la tranchée à exécuter; son plafond serait à 56 mètres au-dessus des plus hautes eaux, et le niveau de l'eau dans le bief de partage serait à 63 mètres. Le cube total des déblais à effectuer pour le creusement d'une pareille tranchée, qui, profonde de 84 mètres au point culminant, n'aurait que 6,595 mètres de longueur (1 lieue 1/4 à peu près), serait de 6 millions de mètres.

A la hauteur où elle serait établie, la chaîne aurait, dans ses deux versants, une rapidité telle qu'il faudrait nécessairement en rachetor la chute par des écluses accolées, dont l'emploi entraînerait une plus grande consommation d'eau.

Sur le versant nord le bief de partage serait immédiatement suivi de cinq sas et de six écluses accolées, au moyen desquels le canal descendrait au bief n° 1 du premier projet, dont la longueur se trouverait ainsi réduite à 500 mètres.

plus de 5 lieues) de longueur, a une profondeur de 60 mètres; et cette tranchée a été faite dans des terrains moins favorables que ceux de l'isthme de Panama.

Sur le versant sud, le bief de partage serait suivi de deux biefs de 500 mètres chacun, après lesquels se trouveraient cinq écluses accolées aboutissant au bief n° 2 du premier projet, et réduisant en même temps sa longueur à 160 mètres.

Quant à ce qui concerne l'alimentation des eaux nécessaires à un canal qui, dans l'un ou l'autre cas, ne débiterait pas moins de 200,000 mètres cubes d'eau par vingt-quatre heures (2 mètres cubes d'eau par seconde), la rivière de Chagrès est plus que suffisante. Il suffirait de deux prises d'eau, communiquant par deux rigoles au canal du versant nord (côté de l'océan Atlantique), et dont l'emplacement a été déterminé par M. Garella : l'approvisionnement d'eau serait ainsi largement assuré ; sans préjudice des autres ressources que l'on pourrait y ajouter, entre autres, l'établissement d'un grand réservoir, formé à l'aide d'un barrage dans les vallées qui aboutissent dans celle du rio *Paja*, au-dessus des écluses qui termineraient le bief de partage.

Après avoir indiqué les divers moyens d'exécution qui pourraient réaliser un projet, dont la possibilité ressort tout naturellement de notre exposition, nous pouvons mettre en regard des dépenses qu'ils exigeraient, un aperçu des avantages matériels qu'ils procureraient immédiatement au commerce et à l'industrie des deux mondes. Les revenus d'une telle voie de communication ne pourraient, du reste, être évalués seulement d'après l'état actuel de la navigation par le cap Horn. L'ouverture d'une communication plus prompte entre les deux océans donnerait une telle impulsion au commerce maritime, et lui procurerait de si nombreux débouchés, qu'on peut prévoir presqu'à coup sûr le moment où le nombre des transactions commerciales et des voyages serait plus que doublé.

Nous ne parlons pas ici des conséquences religieuses et morales qu'amènerait cette révolution opérée dans le monde maritime : — nous les avons appréciées précédemment. Nous ne nous occupons en ce moment que de ce qui peut intéresser les capitalistes qui voudraient concourir à l'entreprise, envisagée uniquement au point de vue de la spéculation. Nous passons même sous silence les revenus accessoires que la compagnie s'assurerait par ses diverses fondations, ses établissements agricoles ou manufacturiers, pour lesquels s'utiliseraient sans aucun doute les vastes ressources que lui procurerait son extension progressive. Ces considérations anticiperaient sur l'avenir, et nous ne devons pas détourner nos yeux du temps présent.

Le plus clair et le plus net des revenus que pourrait s'assurer la compagnie préposée à la garde du canal, le seul même sur lequel elle pourrait compter d'abord, serait celui qui résulterait du droit de péage imposé aux navires qui le traverseraient. Or une appréciation raisonnable de ce revenu ne peut être faite que d'après l'idée que l'on doit se former avant tout du but spécial que se propose le percement de l'isthme.

Ecoutons, à ce sujet, M. Michel Chevalier :

« Les voyages qu'on raccourcirait en perçant l'isthme de
« Panama, sont, avant tout, ceux qui ont lieu en doublant
« le cap Horn, extrémité de l'Amérique méridionale. Or, on
« passe par le cap Horn pour aller au Pérou, sur la côte oc-
« cidentale du Mexique, ou dans les possessions attenantes
« des Etats-Unis, de l'Angleterre et même de la Russie. C'est

« par le cap Horn qu'on se rend dans certains parages de
« l'Australie, dans la Nouvelle-Zélande, aux îles Marquises,
« aux îles de la Société, à ces innombrables archipels de la
« mer du Sud qui appellent des maîtres ; aux îles Sandwich,
« que convoitent plus d'une puissance maritime, parce
« qu'elles occupent, entre l'Amérique du Nord et les régions
« de la Chine et du Japon, une position comparable à celle
« de Malte entre l'Espagne, la France, l'Italie, d'un côté, et
« les rivages du Nil ou de la Syrie de l'autre. Pour activer
« les relations de l'Europe avec ces vastes pays, pour que les
« essaims de nos races aillent les féconder, la rupture de
« l'isthme de Panama serait extrêmement avantageuse.

« A l'égard de la Chine et du Japon, à ne considérer que
« les distances, il n'y aurait aucun profit à en espérer. Le
« tour du monde étant représenté par 360 degrés de longi-
« tude, la Chine, en prenant le chemin de Panama, est à
« 230 degrés de nous, c'est-à-dire aux deux tiers de la cir-
« conférence ; parce que l'autre route, au contraire, abstrac-
« tion faite du grand circuit que l'on décrit autour de l'A-
« frique, quand on double le cap de Bonne-Espérance, le
« trajet n'est que de 130 degrés, un seul tiers. Du Havre ou
« de Londres à Canton, autour du cap de Bonne-Espérance,
« en coupant ainsi la ligne deux fois, le parcours est de
« 24,500 kilomètres ; par l'isthme de Panama il serait de
« 27,000. Mais cet excédant de parcours serait plus que
« compensé par l'assistance des vents alizés et par le cou-
« rant équatorial, et par l'absence de tout péril pendant la
« majeure partie de l'année. En somme, pour aller d'Europe
« en Chine, un navire qui prendrait la voie de l'isthme éco-
« nomiserait une quinzaine de jours sur un voyage qui dure
« de quatre mois à quatre mois et demi ; mais on ne pourrait

« revenir par la même route, parce qu'alors on aurait contre
« soi le courant équatorial et les vents alizés. Pour atteindre
« la baie de Noutka, dans l'archipel de Quadra et Vancouver,
« sur la côte nord-ouest de l'Amérique, là où s'est fait un
« grand commerce de fourrures, ou près de là à l'embou-
« chure de la rivière Colombia, qui traverse le territoire
« de l'Orégon, dépendant des Etats-Unis, un vaisseau parti
« d'Europe fait, en doublant le cap Horn, 27,500 kilomè-
« tres; en traversant l'isthme, il n'en aurait plus que 16,500
« à parcourir. Pour gagner le Pérou, le revers occidental
« de l'Amérique centrale, et les ports mexicains d'*Acapulco*,
« de *San Blaz* et de *Mazatlan*, l'avantage serait très-marqué
« aussi ; de même pour les îles Marquises, les Sandwich et
« archipels inhabités du grand Océan. Quant à la Nouvelle-
« Hollande, il en serait comme pour la Chine. Enfin, tout le
« monde comprend que les navires qui, allant en Chine, se
« proposeraient de toucher à l'un des ports de la côte occi-
« dentale de l'Amérique, depuis le Chili jusqu'à la baie de
« Noutka, devraient se diriger par l'isthme de Panama.

« Le problème se présente en termes différents pour les
« Etats-Unis. Ce peuple, éminemment navigateur, a déjà des
« relations étendues avec la Chine et avec tous les pays ri-
« verains du grand Océan boréal ou austral. Il se livre avec
« ardeur et succès à la pêche. Il possède sur la côte nord-
« ouest du continent le vaste territoire de l'Orégon, vers le-
« quel le flot de la population est impatient de se porter par
« l'intérieur, et qui se coloniserait rapidement si l'on pou-
« vait s'y rendre par mer, au lieu d'escalader les montagnes
« rocheuses, et de franchir les déserts qui bordent le Missis-
« sipi à droite, ou qu'arrose le Missouri, sans pouvoir les
« fertiliser. La coupure de l'isthme serait donc, toutes choses

« égales d'ailleurs, d'un immense intérêt pour les États-Unis ;
« mais toutes choses ne sont pas égales : les États-Unis sont
« plus que l'Europe voisins de l'isthme, et ainsi pour eux le
« bénéfice du percement ressort plus manifeste. Pour se
« rendre de New-York ou de la Nouvelle-Orléans à *Guaya-*
« *quil*, à *Lima*, à *Valparaiso*, la route de l'isthme serait presque
« en ligne droite ; de New-York, ou de Boston à Canton, il
« y a, par la route actuelle du cap de Bonne-Espérance,
« 25,000 kilomètres ; par l'isthme, il n'y en aurait plus que
« 23,000. Relativement à cette destination, le passage de
« l'isthme allonge pour l'Europe ; il raccourcit pour les bâ-
« timents des États-Unis. De Boston ou de New-York à l'em-
« bouchure de la rivière de *Colombia*, dans l'Orégon, la dis-
« tance par le cap Horn est de 28,500 kilomètres ; par l'isthme,
« elle serait réduite à 14,000, la moitié.

« Ainsi, pour reproduire à peu près les expressions de
« M. de Humboldt, les principaux objets de la coupure de
« l'isthme américain sont : la prompte communication d'Eu-
« rope et d'Amérique aux côtes occidentales du nouveau
« continent, le voyage de la Havane et des États-Unis à la
« Chine, aux Philippines, et même un jour au Japon, quand
« notre audacieuse race de Japhet aura forcé cet autre em-
« pire de l'extrême orient à sortir de son isolement superbe,
« ainsi qu'elle vient de le faire pour la Chine ; la colonisa-
« tion de l'Orégon et des îles du grand Océan, la navigation
« d'Europe et des États-Unis en Chine, avec escal sur la
« côte occidentale de l'Amérique, enfin la grande pêche du
« cachalot. Quant aux expéditions directes d'Europe en
« Chine, elle s'achemineraient par là tout au plus à l'aller,
« mais non pas au retour. »

Or, en consultant les tableaux statistiques officiellement publiés par le ministre du commerce, on peut porter à 800,000 tonneaux le mouvement du commerce des principaux Etats de l'Europe et de l'Amérique, qui prendraient la direction du canal de Panama. En admettant un minimum de 10 francs par tonneau, pour le prix du passage des navires, établi dans de justes proportions sur les navires de diverses grandeurs qui traverseraient le canal, on aurait un revenu de 8 millions, somme qui, déduction faite des frais présumables dont la société devrait se couvrir, offrirait déjà néanmoins un intérêt considérable aux capitaux engagés par la compagnie; et l'accroissement progressif de la navigation viendrait forcément doubler et peut-être tripler cet intérêt.

Mais tout en insistant sur la réalité des bénéfices de l'entreprise, considérée au point de vue industriel, nous ne pouvons nous empêcher de répéter que, pour réunir les éléments nécessaires à un travail hors de toute proportion avec ceux qui ont le plus illustré le génie de l'homme, nous devons nous adresser à un mobile tout autrement puissant que l'intérêt et la spéculation.

Nous n'espérons pas que des capitalistes s'associent, même avec la certitude d'un intérêt de 10 ou 15 p. 100 pour leurs fonds, dans le but d'aborder l'exécution d'un travail gigantesque, qui soulève une question de droit international, insoluble dans les circonstances qui supposeraient, pour son achèvement, l'action exclusive de l'intérêt privé.

MM. Michel Chevalier et Garella, qui ont étudié le problème sous les divers aspects qu'il présente, ont pensé, avec raison, que les grandes puissances maritimes de notre temps, c'est-à-dire, l'Angleterre, la France et les Etats-Unis d'Amérique, devraient se réunir pour assurer le succès d'un travail, qui serait pour elles d'un prix inestimable. Des compagnies, fondées avec l'appui et l'aide des gouvernements de ces divers États, exécutant le canal de communication, avec la garantie d'un minimum d'intérêt, qui ne serait pas moindre de 3 p. 100, pourraient seules se résoudre aux sacrifices que commanderait une si grande entreprise, et encore faudrait-il que le gouvernement de la Nouvelle-Grenade qui, le premier, en retirera les plus heureux fruits, fît à ces compagnies les concessions et les avantages qui leur permissent de s'établir solidement dans le pays, pour repousser toute attaque et résister à toute tentative d'envahissement.

Qui peut douter de l'empressement avec lequel ces trois grandes puissances assureraient, aux spéculateurs et aux hommes de l'art, toutes les garanties possibles de stabilité, de force et de durée?

Mais nous voulons une organisation qui, réalisant tous ces avantages, les augmente et les étende d'une manière progressive; qui réponde à toutes les objections qui pourraient être faites contre une compagnie privée, ou une puissance quelconque, qui se trouverait investie, par le fait même d'une importance et d'une force redoutables; nous voulons une organisation qui ait une haute portée, et qui soit riche d'avenir : nous en avons longtemps médité le plan, prévu l'action, et déterminé le but : et nous venons aujourd'hui placer cette œuvre sous la sauvegarde de la seule autorité devant laquelle puissent tomber toutes les défiances, et se calmer toutes les craintes.

Telle sera la solution que nous donnerons à la question parallèle qui va nous occuper, et sur laquelle nous n'aurons que quelques mots à dire, pour ne point rentrer dans les considérations que nous avons présentées au sujet de l'isthme de Panama.

Le percement de l'isthme de Suez, comme celui d'Amérique, a un double côté : le point de vue industriel et le point de vue moral. Livrons-nous d'abord rapidement à l'examen du premier.

2° Isthme de Suez.

Les populations industrieuses et actives qui sont répandues autour du bassin de la Méditerranée, ont senti de bonne heure toute l'importance qu'aurait, pour le commerce et les relations internationales, une voie de communication qui mît en rapport la mer qu'ont de bonne heure sillonnée leurs navires, avec ce golfe arabique, vers lequel les appelait cette mystérieuse attraction qu'ont toujours exercée sur elles l'Orient et ses merveilles inconnues. La découverte du passage par le cap de Bonne-Espérance en ouvrant les Grandes Indes à d'audacieux rivaux, leur fit désirer avec bien plus d'ardeur encore une voie qui pût, en supprimant tout à coup la moitié de la distance qui les sépare des rives du Gange et des côtes du Céleste Empire, faire reprendre à leurs cités leur lustre et leur importance maritime.

La Grèce, l'Italie, la France, l'Espagne, ont donc toujours porté leurs regards vers la barrière que l'isthme de Suez opposait à leurs vœux. Un pressentiment secret leur disait que cet obstacle n'était pas infranchissable. Les monarques égyptiens n'avaient-ils pas fait creuser le *canal des Rois,* qui joignait la mer Rouge à la branche pélusiaque du Nil ? De grands travaux exécutés plus tard par l'empereur

Adrien n'avaient-ils pas essayé d'arracher ce produit de la civilisation antique à l'envahissement des sables du désert? Ce qu'avait exécuté l'industrie égyptienne pouvait-il paraître au-dessus du pouvoir de la science moderne?

Le vainqueur des Pyramides, avide de toute espèce de gloire, voulut visiter lui-même l'œuvre attribuée au grand Sésostris. Un ingénieur français, M. Le Père, fut chargé par le grand capitaine de préparer un projet de canalisation, dont l'exécution n'aurait pas été le moindre de ses titres à la reconnaissance et à l'admiration du monde.

Le travail de M. Le Père eut pour résultat le projet raisonné d'un canal qui devait suivre à peu près la ligne du *canal des Rois*. Il aurait eu une longeur de 153 kilomètres et demi (trente-huit lieues un quart environ), partagés en quatre biefs. Il passerait par un bassin profond, que les Arabes ont appelés la *Mer du Crocodile*, et que Pline appelle le *Bassin des Lacs amers*. Il emprunterait ses eaux au Nil. De grands travaux pour alimenter ce canal pendant toute l'année, au moyen d'un réservoir, seraient nécessaires, et devraient réaliser pour ce but spécial l'office que remplissait l'antique et célèbre lac Mœris.

Des études plus récentes feraient donner la préférence sur ce tracé à un canal qui joindrait directement Suez à la Méditerranée. Ce trajet en ligne droite est d'un peu plus de 25 lieues. Déjà M. Le Père en avait eu l'idée, et ce sera probablement à ce projet que s'arrêteront les ingénieurs qui, tôt ou tard, seront appelés à réaliser une œuvre si impérieusement demandée.

Le chef habile et prodigieusement actif qui gouverne aujourd'hui l'antique royaume des Pharaons, Méhémet Ali, après avoir couvert l'intérieur de l'Egypte de canaux dont

Clot-Bey a donné le relevé, ne saurait manquer de favoriser de tout son pouvoir une entreprise qui serait le plus glorieux couronnement de son œuvre civilisatrice. Qu'une compagnie se présente donc ; qu'elle offre à cet administrateur plein de bon vouloir, mais jaloux de son autorité, des garanties qui ne lui permettent pas de douter de ses intentions pacifiques ; qu'elle s'organise en réunissant les conditions de neutralité et d'indépendance que nous regardons comme essentielles à son établissement, et le canal de Suez ouvrira, à 2,000 lieues de celui de Panama, une nouvelle voie dans laquelle s'élanceront les navires de l'Europe (1) !

CONCLUSION.

Nous ne saurions trop le répéter en finissant, — ce qui nous touche le plus vivement, ce qui soutient notre cou-

(1) Au moment où nous écrivons ces lignes, nous apprenons qu'une société s'est formée sous les auspices de la France, de l'Angleterre et de l'Autriche, pour aller immédiatement étudier le travail du canal de jonction, avec l'assentiment et sous l'influence du gouvernement égyptien. La question industrielle a donc pris les devants sur la question politique. Les capitaux nécessaires à la canalisation sont, dit-on, déjà trouvés. C'est un heureux augure pour les compagnies qui entreprendront le percement de l'isthme de Panama. Mais l'œuvre religieuse et civilisatrice n'en demeure pas moins dans toute son étendue. La question politique n'en subsiste pas moins avec toutes ses difficultés. Les puissances qui prêtent leur concours au gouvernement égyptien, peuvent-elles se flatter de conserver toujours cette *entente cordiale* qui les réunit en ce moment, pour appuyer une entreprise dont l'utilité matérielle les frappe plus particulièrement, et dont l'Égypte pourrait plus tard s'approprier exclusivement le bienfait ? La nécessité de la fondation de notre compagnie des Frères de Saint-Pie ne nous paraît que plus urgente encore, si c'est possible ; car nous serions dés-

rage, ce qui nous enhardit à poursuivre la réalisation de
notre projet de l'institution d'un corps à la fois religieux,
militaire et industriel ; c'est le sentiment que nous avons
de l'insuffisance et du danger même qu'offrirait cette œuvre

espérés de voir tomber aux mains de l'intérêt privé, ou exposer à toutes les
incertitudes de l'avenir une œuvre dont l'existence, dans des conditions ana-
logues à celles que nous projetons pour elle, importe à la sécurité et au bonheur des diverses nations du monde.

Nous nous sommes abstenus de développements à l'égard de la canalisation
de l'isthme de Suez, parce que plusieurs journaux ont traité, dans ces derniers
temps, cette importante question avec d'assez grands détails. Cependant nous
croyons devoir rapporter ici, sans en accepter néanmoins toutes les conséquences, un intéressant article, choisi entre plusieurs autres publiés par le *Journal
des Débats* que nous croyons dus à la plume du savant ingénieur M. Michel
Chevalier :

« M. Linant de Bellefonds, inspecteur général des ponts et chaussées et bey
au service égyptien, chargé par Méhémet Ali, il y a plusieurs années déjà, et
lorsque la politique des cabinets européens ne s'occupait pas encore de la question, de préparer un travail sur la meilleure solution à donner au problème,
après de longues études, conclut pour le projet d'un canal maritime tracé sur
la ligne la plus courte à travers l'isthme, débouchant d'un côté à l'ancienne Péluse dans la Méditerranée, et de l'autre au port de Suez dans la mer Rouge.
C'est ce projet qui a été repris par la Compagnie anglaise, autrichienne et française dont nous avons parlé ; aujourd'hui il s'est fait une très-nombreuse clien-
tèle en Europe, et tous les gouvernements intéressés par la politique ou par le
commerce de leurs sujets dans la question, tous, moins un, demandent au vice-
roi d'en permettre l'exécution, s'il n'aime mieux s'en charger lui-même.

« En effet, avec les ressources en personnel et en matériel dont il dispose, le
vice-roi pourrait, s'il le jugeait convenable, entreprendre lui-même le travail avec
toute chance de succès ; car, nous le répétons, les difficultés d'exécution ne
sont nullement redoutables. Le seul point délicat du travail, c'est la création
d'un port à Péluse sous le vent des atterrissements du Nil et du grand courant
qui, parti du détroit de Gibraltar, vient mourir sur l'isthme même de Suez, aux
confins de l'Afrique et de l'Asie. On craignait, dans le principe, que, sur cette
côte, formée par les sables et les vases que le Nil charrie éternellement, il ne
fût impossible, à moins de dépenses excessives, de fonder les ouvrages néces-

si elle était abandonnée à l'action pure et simple des sociétés industrielles.

Nous voulons rallier autour de cette double entreprise des hommes de bonne volonté et de courage qui, soumis à

saires à l'établissement et à l'entretien d'un chenal offrant à de grands navires une profondeur d'eau suffisante. Cette difficulté, déjà résolue par M. Linant, vient d'être définitivement jugée par les études que les ingénieurs autrichiens ont récemment faites sur les lieux ; on est certain maintenant de la surmonter sans qu'il soit besoin pour cela de sacrifices extraordinaires.

« Le port de Suez exigera aussi des dépenses considérables : il faudra également y creuser un chenal au milieu des madrépores et des coraux ; mais c'est un travail dont le succès n'inspire de doute à personne et dont les frais peuvent s'estimer sans crainte d'erreurs graves. Une fois ces deux points franchis, le reste du travail, c'est-à-dire le canal lui-même, n'offre que des ouvrages d'une simplicité extrême, ou plutôt se présente dans des conditions merveilleusement favorables. En effet, à quelques mille mètres seulement de Suez, le canal prend sa course à travers des vallées ou des lacs dont les fonds sont presque constamment situés au-dessous du niveau de la mer Rouge, et qu'il suffira tout simplement d'inonder. Il y aura des points, comme par exemple dans le Bassin des Lacs amers, où l'on obtiendra, par ce procédé si facile et si peu coûteux, jusqu'à cinquante pieds d'eau de profondeur, plus même encore. Quant à la superficie des terrains inondés, il y a peu à s'en inquiéter, puisqu'ils seraient pris exclusivement sur le désert. Le seul cas dont il faille tenir compte, c'est celui où l'on pourrait craindre que la masse d'eau introduite sur l'isthme vînt à se déverser par quelque issue sur le territoire cultivé de l'Egypte ; mais deux digues, l'une d'un peu plus de mille et l'autre d'environ deux mille mètres de longueur, garantiraient contre toute éventualité de ce genre. Enfin, pour ce qui est des déblais, et ils ne sont nécessaires que sur un parcours d'à peu près quarante mille mètres, ils n'attaquent des montagnes nulle part ; en général ils ne représentent que la section que l'on veut donner au canal ; souvent même on trouve que la nature a déjà fait la moitié ou les deux tiers de la besogne.

« Aussi ce travail véritablement magnifique, qui donnerait à l'Egypte un nouveau Bosphore, large en certains endroits de plus d'un myriamètre, navigable en toute saison et pour tous les navires à voiles ou à vapeur, serait-il beaucoup moins coûteux qu'on ne l'imagine, surtout si l'on compare la dépense aux résultats à obtenir. Un mémoire très-volumineux, très-étudié, et que nous avons ●

une puissance sage et modératrice, soient bien convaincus
de l'importante mission qu'ils auront à remplir. — Si le
souffle vivifiant d'une religion divine ne les anime pas, s'ils
ne reçoivent l'impulsion de ce grand zèle apostolique que le

sous les yeux, se termine par un devis estimatif qui donne pour total de la dépense le chiffre presque incroyable, tant il est faible, de 40 millions 564,195
piastres turques, ou 10 millions 141,049 fr. Admettons que le savant ingénieur
qui l'a rédigé et qui a passé plus de huit mois dans le désert pour en vérifier lui-
même toutes les données se soit tellement laissé séduire par ce projet, qu'il ait été
entraîné involontairement à exagérer toutes les données favorables sous lesquelles il se présente; admettons que cet ingénieur, qui a exécuté déjà d'importants
travaux pour le compte du vice-roi, n'ait pas tenu assez de compte du renché-
rissement de la main-d'œuvre, lorsqu'il faudra conduire des milliers de travailleurs dans le désert; supposons encore que les ingénieurs de la compagnie anglaise, autrichienne et française, enhardis par tant de facilités, veuillent donner
plus de développements à l'entreprise; supposons enfin tout ce que l'on voudra,
et il reste toujours à peu près impossible qu'une trentaine de millions ne suffise
pas à l'exécution; or, trente millions c'est encore le moins que puisse coûter
un chemin de fer d'Alexandrie à Suez.

« Il n'est donc pas étonnant que ce projet ait charmé tant d'imaginations, qu'il
ait provoqué de si vives sympathies en Autriche, en Toscane, en Sardaigne, à
Naples, en Grèce, chez tous les peuples dont les infatigables caboteurs se partagent le bénéfice des transports dans la mer Méditerranée. Réaliser une telle entreprise, ce serait ouvrir à leur activité plus de deux mille lieues d'étendue de
côtes, auxquelles leurs petits navires, leurs faibles capitaux, leur crédit à courte
échéance n'ont jamais pu et ne pourront jamais atteindre aussi longtemps qu'il
faudra aller les chercher par l'immense détour du cap de Bonne-Espérance;
car, laissant de côté pour aujourd'hui le commerce de l'Inde, il ne faut pas ou-
blier qu'en suivant la côte d'Afrique depuis Suez jusqu'à Zanzibar et au-delà, et
celle d'Asie depuis Suez jusques et compris le golfe Persique, on embrasse
une immense étendue de pays complétement abandonnée, aujourd'hui par la
navigation européenne, c'est-à-dire aussi par la civilisation. Ces pays sont trop
pauvres pour que leur commerce puisse couvrir les frais des coûteux armements
qui doivent franchir le cap de Bonne-Espérance; mais cependant ils n'en estiment
pas moins les étoffes communes, les cotonnades, la quincaillerie, la verrote-
rie, etc., que l'industrie européenne fabrique avec une fécondité si merveilleuse;
mais cependant ils produisent aussi des gommes, des résines, des drogues, des

Christ a légué aux vénérables continuateurs de son œuvre ;
s'ils ne se considèrent pas comme les ouvriers de la civilisation et de la foi religieuse, toute œuvre à laquelle ils apporte-
raient leur coopération serait incomplète et avortée. — Quel

matières tinctoriales, de la poudre d'or, de l'ivoire, des cuirs, des débris ani-
maux, etc., etc., qui ne sont pas sans valeur sur les marchés de l'Europe.
Abrégez de moitié, des deux tiers, comme vous le pouvez, la distance qui nous
sépare des deux pays, et ce qui n'était pas praticable le deviendra sans aucun
doute. Croit-on, par exemple, que le Sénégal, avec lequel il se fait des affaires
importantes, serait fréquenté par le vingtième seulement des navires qui viennent mouiller sur ses rades, si, au lieu de le rencontrer sur la côte occidentale
de l'Afrique, la navigation européenne devait l'aller chercher par delà le cap de
Bonne-Espérance, sur les côtes de la mer Rouge ou du Monomotapa ?

« Il est une puissance pour qui l'exécution d'un canal maritime ne satisferait
pas seulement des intérêts commerciaux, mais des nécessités politiques et morales : cette puissance, c'est la Turquie. A la suite des événements de 1840, on
lui a rendu le gouvernement de l'Arabie et des villes saintes, qu'il importe en
effet, et gravement, au successeur des califes, au commandeur des croyants, de
ne pas laisser tomber en des mains étrangères. Toutefois il est vrai de dire que
cette restitution n'a encore été que nominale ; le gouvernement de Méhémet Ali
a bien disparu, mais il n'a encore été remplacé que par la plus épouvantable
anarchie. La Porte, pour qui cependant c'était un devoir d'envoyer en Arabie
des troupes et des administrateurs pour y établir un gouvernement, n'y a su
envoyer que quelques aventuriers bons tout au plus à fournir de nouveaux ali-
ments au désordre général. Les déserts qui la séparent de cette prétendue pro-
vince de son empire, la mettent tout à fait aujourd'hui hors de sa portée ; et au
grand scandale des fidèles qui entreprennent encore le pèlerinage obligatoire, la
terre sainte des musulmans n'est plus qu'un théâtre de rapines et de brigandage.
Si affaibli, si démoralisé que soit le mahométisme, un tel état de choses est une
des plus grandes hontes que puisse subir le sultan aux yeux des populations qui
lui obéissent encore, et on doit le savoir à Constantinople. Aussi n'y a-t-il pas à
douter, si le divan a encore assez d'indépendance pour conserver une opinion à
lui, qu'il n'appuie très-chaudement la réalisation d'un projet qui faciliterait,
plus que toute autre circonstance au monde, le rétablissement de son autorité
en Arabie.

« Enfin, considérée au point de vue uniquement égyptien, l'exécution de ce
grand projet ne promet au vice-roi que des avantages sans périls. Pour le réali-

bien durable pourrait produire l'établissement des deux voies de communication par lesquelles les hommes de tous les climats et de toutes les zones seraient mis en rapport plus immédiat, si l'action de la société et l'influence de son vé-

ser il n'a pas besoin, comme dans l'hypothèse de l'établissement d'un chemin de fer, d'appeler dans son pays toute une colonie d'Européens, de multiplier ces occasions de contact immédiat qui deviennent toujours fatalement des conflits entre les deux races. A la rigueur, il pourrait avec son personnel actuel entreprendre le travail et le mener à bonne fin ; le barrage du Nil, qui sera achevé dans trois ou quatre ans, est de fait un travail beaucoup plus difficile que ne serait l'exécution du canal maritime. Cependant ce n'est pas dans cette voie, un peu étroite et exclusive, que nous aimerions le mieux à le voir s'engager. S'il a été assez bien inspiré pour faire appel à l'opinion de l'Europe, en donnant les mains à la formation de la Compagnie anglaise, autrichienne et française, nous devons croire que c'est parce qu'il a compris qu'appeler sur son territoire, et pour la réalisation d'une œuvre si éminemment utile à tous, des capitaux européens, c'est créer en quelque sorte un lien matériel et moral entre l'Europe et l'Egypte, c'est entrer définitivement dans la grande famille des peuples d'Occident, c'est attacher une foule d'intérêts à la défense de l'œuvre de toute sa vie, la création d'un Etat égyptien. C'est là en effet que doit porter désormais tout l'effort de sa politique, et c'est dans ce sens que ses véritables amis doivent le conseiller, si l'expérience des événements de 1840 a porté quelques fruits pour les puissances qui désirent sincèrement voir établir des gouvernement stables dans l'Orient, et ne veulent pas que les débris de l'empire ottoman soient un jour livrés comme une proie à l'ambition de l'Europe, et deviennent nécessairement une cause de guerre universelle. Plus qu'aucun autre le vice-roi a dû retirer des événements de cette époque d'utiles leçons, il a dû apprendre surtout combien il était périlleux pour un Etat aussi faible que l'Egypte, et convoité par d'aussi redoutables ambitions, de n'avoir qu'un seul ami dans les conseils des cinq grandes puissances, et de ne compter que des indifférents dans les Etats de second ordre. Aujourd'hui l'occasion se présente pour lui d'échapper à ce périlleux isolement, de lier ses intérêts privés aux intérêts généraux d'une manière si positive, qu'il peut espérer par là de voir un jour l'Europe heureuse de placer l'Egypte sous la sauvegarde universelle, comme elle y a placé la Suisse, la Belgique et le Bosphore ; il faut croire que, pour son bien, pour celui de tous, un homme du génie de Méhémet Ali ne la laissera pas échapper. »

nérable fondateur ne les faisaient pas tourner à l'avantage de leur bonheur mutuel, en les liant par une participation commune aux saintes lois de la fraternité chrétienne !

D'un autre côté, sa position de puissance indépendante et neutre, reconnue par la diplomatie européenne, donnerait à son institution un caractère qui répondrait à tous les besoins et satisferait toutes les exigences. — Devant elle tomberait la susceptibilité des gouvernements les plus jaloux de leurs privilèges. — En Égypte, elle viendrait offrir un précieux concours au souverain, qui pourrait alors étendre, dans des proportions plus vastes, sur les deux rives du Nil, l'action civilisatrice des arts de l'Europe auxquels il doit déjà tant. En même temps elle tendrait aux chrétiens de la Syrie une main protectrice, et elle leur prêterait cette assistance morale que leur refusent les nations de l'Europe, réduites à ne faire pour ces martyrs de la foi que des vœux stériles ou des efforts impuissants.

Placée au point de jonction des deux Amériques, la société de frères de la compagnie de Saint-Pie contribuerait au développement que prendront les établissements dont une civilisation avancée a déjà doté quelques-uns de leurs grands États. — Elle hâterait les progrès de toutes sortes qui doivent tôt ou tard tirer les autres de la crise où se débat leur jeune liberté. — Elle provoquerait enfin, par son exemple ou son influence directe, ce mouvement d'attraction qui porte les peuplades indigènes vers les centres ouverts par les nations conquérantes, et qui doit faire disparaître peu à peu jusqu'aux derniers vestiges de la barbarie.

Mais l'action bienfaisante de l'esprit de charité universelle dont seraient animés les frères de la compagnie de Saint-Pie, dépasserait bientôt le cercle où l'appelleraient la con-

struction et la garde des grands travaux qui serviraient
d'occasion à son établissement.

Car, ainsi qu'on a pu le voir dans notre exposé, l'organisation de notre compagnie, si différente de celles qu'a déjà
vu naître une époque, remarquable surtout par l'esprit d'association qui l'anime, tend à la rendre propre à toutes les
missions civilisatrices que la Providence pourrait confier à son
zèle. — Et lors même que des vues plus restreintes et des considérations moins philanthropiques nous devanceraient dans
l'exécution des deux importants travaux que nous songeons
à lui assigner, elle pourrait encore, grâce à une organisation
qui lui donnerait toute la puissance d'énergie que possé-
dèrent les grandes corporations religieuses et militaires du
moyen âge, rendre assez de services à la religion et à la
société pour mériter des titres à la reconnaissance des peuples.

Personne n'a songé, à l'exception toutefois du pontife
éminent qui marche en ce moment à la tête des nations, à
mettre les conquêtes de la liberté et de l'industrie sous la
sauvegarde du sentiment religieux. Il est temps qu'une association analogue à celles que la prévoyance des pontifes a
fondées autrefois, dans l'intérêt de la civilisation et de la foi,
soit chargée de propager, d'une manière efficace, régulière
et puissante, l'action civilisatrice des peuples de l'Europe.

Que les frères de Saint-Pie se lèvent, armés du triple le-
vier, que le vénérable chef de l'Eglise remettra entre leurs
mains, et les contrées, où les efforts isolés de quelques soldats intrépides, de quelques pieux missionnaires, de quelques
hardis voyageurs, ont pu faire pénétrer à peine quelques faibles lueurs, s'éclaireront d'un jour nouveau. — L'Algérie,
qui attend encore un vrai système de colonisation ; — l'in-

térieur de l'Afrique, où fleurissent des cités populeuses, que l'œil de l'Europe entrevoit dans le lointain sans pouvoir les atteindre ; — les côtes sauvages, où la barbarie et la civilisation s'entendent par un accord coupable, pour éterniser la plaie hideuse de l'esclavage ; — les régions asiatiques, qu'une jalouse et cruelle défiance ferme à notre curiosité, ou aux saintes tentatives des propagateurs de la foi ; — ces continents, ces îles, dont nous ne connaissons guère que les noms, qui rappellent les grands navigateurs qui les ont découvertes, et qu'une noble propagande doit chercher à conquérir aux bienfaits de nos arts, de notre industrie et de notre religion, pourront, grâce à l'extension que prendra la compagnie de Saint-Pie, être visitées, fertilisées, enrichies ; et prendre leur part de ce bien-être physique que des peuples plus favorisés doivent à une civilisation avancée, et surtout de cette vie morale que peut seule éclairer la lumière de l'Evangile.

Nous ne croyons pas nous être trompé, très-saint Père, en soumettant à l'approbation de Votre Sainteté, les statuts qui, sauf les modifications qu'y apporterait cette haute sagesse qui fait aujourd'hui l'espoir de la chrétienté, fourniraient les moyens de rendre de si grands services au monde !

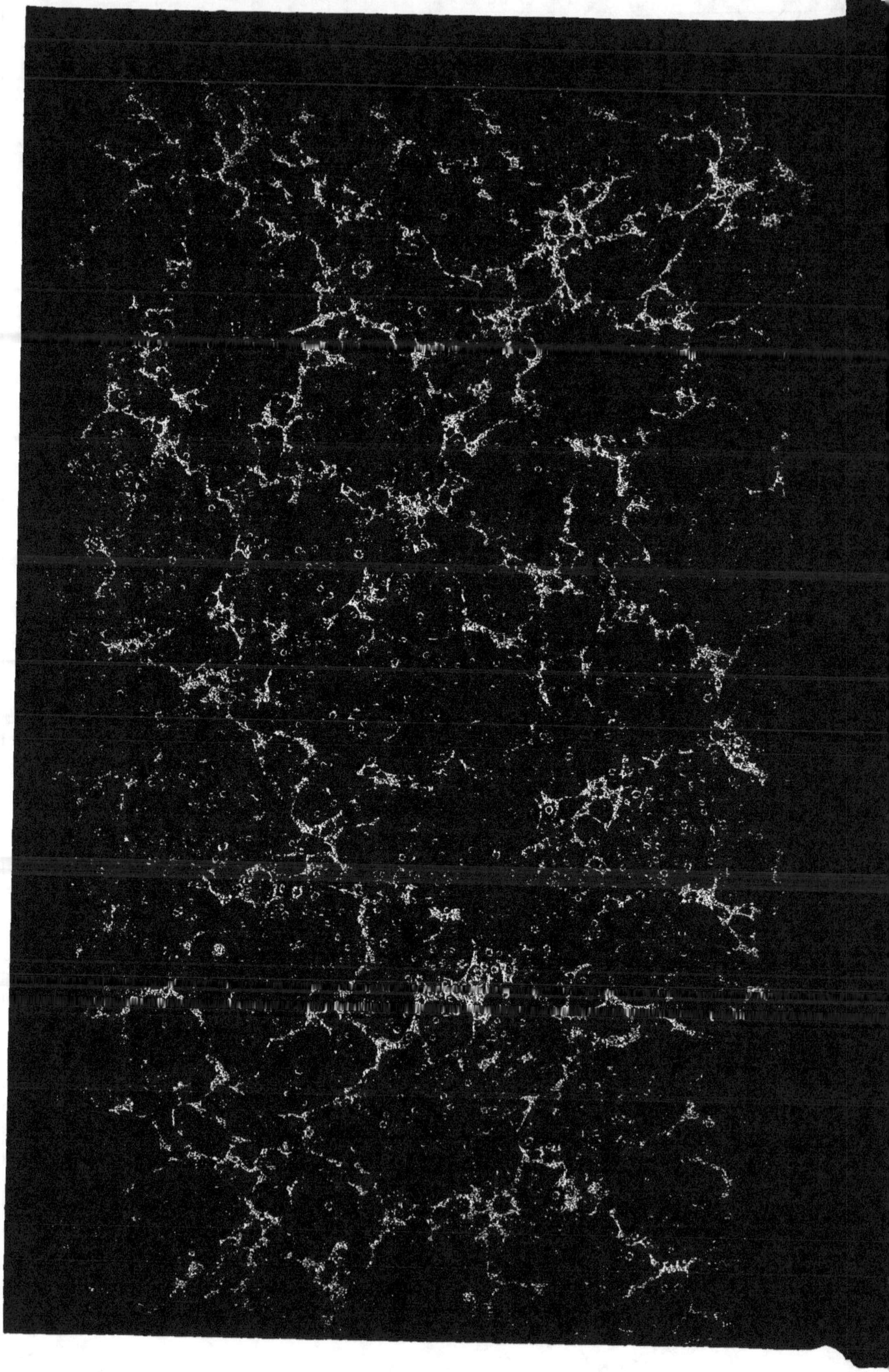

BIBLIOTHEQUE NATIONALE DE FRANCE
3 7531 03879598 6